BERE'SHITH

A CENA DA ORIGEM

Coleção Signus
Dirigida por Augusto de Campos

Equipe de realização

Planejamento gráfico: J. Guinsburg, Gita Guinsburg e Plínio Martins Filho
Revisão: Shizuka Kuchiki
Digitalização: Studio3
Produção: Ricardo W. Neves, Juliana Sergio, Luiz Henrique Soares e Sergio Kon
Impressão e acabamento: FormaCerta

BERE'SHITH

A CENA DA ORIGEM

(e outros estudos de poética bíblica)

Transcriações
por
Haroldo de Campos

Programação Visual

Gerty Saruê: imagens
A. Lizárraga: inserções

CIP-Brasil. Catalogação na Publicação
Sindicato Nacional dos Editores de Livros, RJ

C212b
Campos, Haroldo de, 1929-2003
   Bere'shith : a cena da origem (e outros estudos de poética
bíblica) / Haroldo de Campos; ilustração Gerty Saruê, A Lizárraga.
- 1. ed. , reimpr. - São Paulo : Perspectiva, 2019.
   120 p. : il. ; 21 cm.   (Signos ; 16)

      Tradução de: Bere'shith
      ISBN 978-85-273-0230-2

      1. Bíblia. A.T. Génesis - Crítica, interpretação, etc. 2. Bíblia.
A.T. Jó - Crítica, interpretação, etc. 3. Poesia hebraica (Bíblia) -
História e crítica. 4. Bíblia como literatura. I. Saruê, Gerty. II.
Lizárraga, A III. Título. IV. Série.

19-61847   CDD: 223.1
                                                  CDU: 27-246.4

Meri Gleice Rodrigues de Souza - Bibliotecária CRB-7/6439
06/12/2019   12/12/2019

1ª edição – 2ª reimpressão
[PPD]

Direitos reservados à
EDITORA PERSPECTIVA LTDA.
Av. Brigadeiro Luís Antônio, 3025
01401-000 São Paulo SP Brasil
Telefax: (011) 3885-8388
www.editoraperspectiva.com.br

2020

Para Gita e Jacó Guinsburg, cuja escuta sempre sensível representa-me, nestes ensaios de recriação da poesia bíblica, o privilégio e o estímulo de contar com leitores ideais.

SUMÁRIO

Nota Prévia 11

Convenção Gráfica 13

BERE'SHITH: A CENA DA ORIGEM 15

Função Poética e Correção Estilística 18

Tradução Laica: A Bíblia e Homero 19

Oralidade: Uma Rítmica Tipográfica 20

Registro de Algumas Soluções 23

O Primeiro Versículo 24

A Metáfora Cosmológica 27

Dia Segundo 29

Dia Terceiro 29

Dia Quarto 30

Dia Quinto 30

Dia Sexto 30

A Saga da Origem 32

O Tetragrama Inefável 34

Tábua de Siglas... 37

BERE'SHITH: GÊNESE (I, 1-31; II, 1-4)................................... 41

Convenção de Leitura 43

JÓ: A DIALÉTICA DE DEUS.. 55

DO LIVRO DE JÓ (SÊFER HA-'IYOV) – Cap. XXXVIII............... 75

INTER-E-INTRATEXTUALIDADE NO ECLESIASTES............... 87

A Bíblia Hebraica: Uma Biblioteca Teológica?........................... 89

Paralelismo e Sofisticação 92

Intertextualidade como Traço Distintivo do "Qohélet"............... 96

O Palimpsesto Proliferante.. 98

Hibridização Generalizada e Diferença Semítica....................... 100

Intratextualidade: A Bíblia Cita a Bíblia.................................. 104

O "Midrash": Um Multicanto Paralelo 108

A Transcriação: Do Prazer do Texto à Tristeza da Carne.......... 110

DO AUTOR – SÍNTESE BIBLIOGRÁFICA 113

NOTA PRÉVIA

Neste livro, recolho os meus estudos sobre poética e poesia bíblicas, acompanhados de duas transcriações, que constituem suas verdadeiras matrizes gerativas: o fragmento inicial do *Gênese (Bere'shith)*, Cap. I, v. 1-31; II, v. 1-4 (a chamada "Primeira História da Criação"); o Cap. XXX-VIII do *Livro de Jó* (primeira parte da resposta de Deus à interrogação do Justo padecente).

Quanto ao delineamento de meu projeto, nesse campo, poderia repetir aqui o que escrevi no preâmbulo de *Qohélet/O-Que-Sabe: Poema Sapiencial* (1990), já que tudo o que ali está exposto é também pertinente no que toca ao presente livro.

Enfatizarei, apenas, que não busco, em minhas traduções bíblicas, uma suposta "autenticidade" ou "verdade" textual. Meu empenho está em alcançar em português, segundo linhas e critérios aconselhados por minha longa e variada prática de tradutor de poesia e sugeridos também pela própria natureza do original, uma reconfiguração – em termos de "transcriação" – das articulações fonossemânticas e sintático-prosódicas do texto de partida. Tenho por objetivo obter, através da operação tradutora, um texto comparativa e coextensivamente forte, enquanto poesia em português, a ser cotejado com as versões convencionais como um virtual exemplo contrastivo do que há por fazer, nessa matéria, em nosso idioma.

Registro, mais uma vez, meus agradecimentos à professora Dália Weinrober, que, no caso do *Bere'shith,* possibilitou-me a gravação de sua leitura do texto hebraico, recurso que muito me auxiliou na captação da imagem sonora do original.

São Paulo, outubro de 1992

Haroldo de Campos

CONVENÇÃO GRÁFICA

Na transcrição das palavras hebraicas, usei de uma grafia bastante simplificada. Procurei, no entanto, quanto possível, dar visibilidade à estrutura consonantal dos vocábulos (consoantes dobradas; notação do › *álef* e do ‹ *áyin).*

Critérios:

›   *álef*
›   *áyin*
g   nunca se lê como o nosso /j/, chiante sonora; antes de *e* ou *i* equivale a *gue* ou *gui;*
h   *(hêth)* lê-se como o j espanhol;
s   nunca se lê como o nosso /z/, sibilante sonora; mesmo isolado entre vogais equivale a *ss* (nosso s duplicado).

Acentuação Tônica

Sempre que necessário, marco a tônica usando um sinal diacrítico (o nosso acento agudo); quando a tonicidade recai em *e* longo *(tzerê,* acompanhado ou não de *yod* vocálico), valho-me do nosso circunflexo.

O acento, nesta notação, tem por função precípua assinalar a incidência da tonicidade; não indica, necessariamente, como em português, o timbre da vogal (abertura ou fechamento).

Em alguns (poucos) casos, para efeito de análise, ressalto o *tzerê* com circunflexo em palavras onde não coincida com a tônica.

Texto Hebraico

O texto hebraico foi extraído da seguinte edição da Bíblia: *Tanakh,* Koren Publisher Jerusalem Ltd., 1977.

BERE'SHITH: A CENA DA ORIGEM

A ideia de estudar um idioma semítico responde, no meu caso, a uma concepção de poesia que tem, na curiosidade permanente, um constante motor de instigação e, na operação tradutora, um dispositivo privilegiado de "nutrição do impulso". Estudar uma língua nova é descobrir uma nova poesia enquanto fazer diferenciado. Estudar o hebraico significou, ademais, poder começar pelo começo: pela poesia bíblica e, nesta, pelo *Gênese (Bere'shith)*[1]. Tome-se também esta proposição no seu sentido mais literal: o poema é a cartilha do poeta; quanto mais difícil, mais estimulante (para falar como Lezama Lima) será sua iniciação. Quando estudei o russo, no início dos anos 1960, foi com o texto complexo de *Sierguéiu Iessiêninu* ("A Sierguêi Iessiênin") de Maiakovski que pus à prova o meu aprendizado, tão logo senti-me em condições de enfrentar o desafio[2].

1. Trata-se da primeira palavra do v. 1 do Cap. I e também do título do primeiro dos cinco livros da *Torá* ("Lei", "Ensinamento"), na *Bíblia Hebraica (Tanakh)*. O Livro que lhe corresponde no *Pentateuco* do *Antigo Testamento*, na tradição cristã, é o *Gênese*. Transcrição mais simplificada: *Bereshit*.
2. Ver "O Texto como Produção (Maiakovski)", em *A Operação do Texto*, São Paulo, Perspectiva, 1976.

Função Poética e Correção Estilística

Propus-me transcriar em português os 31 versículos do *Gênese* I e os quatro primeiros versículos do *Gênese* II, ou seja, o raconto dos Seis Dias da Criação e do repouso sucessivo: a *Cena da Origem.*

Desde logo, pude consultar o comentário de Henri Meschonnic (HM) aos cinco primeiros versículos do *Gênese* ("Au Commencement"); sua análise das versões respectivas para o francês, tomando em conta ainda a *Vulgata* latina e a *King James Version;* os argumentos com que se recusa à mera tradução veicular, do "significado" (à maneira da *natural equivalence* de E. A. Nida); sua proposta de transposição criativa ("tradução-texto") dos referidos cinco versículos[3].

Por outro lado, vali-me de algumas obras de apoio na primeira fase de meu trabalho (acrescidas de outras mais, oportunamente indicadas, na fase revisional). São as seguintes: o manual de William Rainey Harper, *Introductory Hebrew (IH),* que analisa em detalhe os versículos do *Gênese* I-VIII, oferecendo, do Cap. I, uma transliteração e uma tradução literal; o *Dicionário de Hebraico Vétero-Testamentário* de Oxford *(DO),* baseado no *Thesaurus* de Gesenius; versões de confronto: *BJ – A Bíblia de Jerusalém* (tradução a partir das línguas originais, por uma equipe de especialistas); *BS – Bíblia Sagrada* (tradução da *Vulgata* latina), Edições Paulinas; *DHH – Dios Habla Hoy,* Version Popular, Sociedades Bíblicas Unidas; *TH – Torah (A Lei de Moisés),* tradução do Rabino Meir Matzliah Melamed, edição da Congregação Religiosa Israelita Beth-El.

Diferentemente da "tradução-texto" de HM, nenhuma dessas versões de confronto tem o precípuo interesse poético que me anima e define minhas opções. São todas elas, à evidência, movidas por propósitos religiosos e teológicos, em si mesmos extremamente respeitáveis. Embora a *BJ* registre uma "revisão literária", esta, de modo manifesto, nada tem a ver com as preocupações reconfiguradoras do percurso da "função poética" da linguagem, à maneira do proposto por um Roman Jakobson, por exemplo. Antes, a aludida "revisão" limita-se ao nível da

---

3. Cf. *Pour la Poétique – II* (ver HM), em especial "La Bible en Français (Actualité du traduire)" e "Au Commencement". As siglas que ocorrem no texto e nas notas, quando se referem a uma indicação bibliográfica incompleta, estão devidamente explanadas na "Tábua de Siglas", anexa a este ensaio.

correção estilística, que subentende o dualismo tradicional "fundo-
-forma" e uma dada concepção do que seja a "elegância" literária no
escrever (como, de seu ângulo de visada, bem observa HM). Das quatro versões cotejadas, a que mais me interessou foi a *TH,* pela literalidade
fundamental do seu impulso hebraizante, que, embora sem reger-se
pelos critérios operacionais da "função poética", nos restitui, com mais
vigor do que as demais, o "estranhamento" linguístico do original.

Tradução Laica: A Bíblia e Homero

Minha aproximação ao texto bíblico – assinale-se – é laica. Estou pri-
macialmente interessado em poesia. (Por outro lado, como ver
incompatibilidade entre sacralidade e poeticidade?) Considere-se o
exemplo de Edmund Wilson, que se decidiu a estudar o hebraico
quando já andava adiantado na casa dos cinquenta, e para tanto matri-
culou-se no Seminário Teológico de Princeton, onde o avô se graduara.
Narra a experiência num ensaio admirável, "On First Reading Genesis"
(ver EW), sobre o qual me chamou a atenção meu jovem amigo, e já
insaciável cultor da *curiositas* poundiana, Nelson Ascher. Para EW o
primeiro motivo de fascínio no empreendimento estava na própria linguagem: "A Bíblia em hebraico é algo muito mais distinto de qualquer
de suas traduções do que, por exemplo, o original de Homero, pela
simples razão de que a língua em que está escrita difere muito mais do
inglês do que o grego". Por outro lado – sem que isto o conduza a um
esquematismo discutível – a poesia homérica parece-lhe muito mais
"sofisticada", quando comparada à força primitiva, à veemência da
escritura bíblica, tersa e tensa como "fios retorcidos num cabo" (Wilson tira essa imagem de Renan). Conhecida é também a antinomia
tipológica estabelecida por Auerbach entre o *estilo homérico,* que des-
creve os eventos exteriorizando-os, sem descontinuidade e sem
ambiguidade, e o *estilo bíblico,* abrupto e enigmático[4].

De minha parte, a meta era vivificar essa poesia primeva (e ao
mesmo tempo altamente elaborada) em nosso idioma, abalando-o cria-

---

4. Erich Auerbach, *Mimesis,* Bern, C. A. Francke AG Verlag, 1946; *Mimésis,* Paris, Gallimard, 1968; *Mimesis,* São Paulo, Perspectiva, 1971.

tivamente com a violência do seu sopro, evitando que esse alento fundamental se perdesse ou se edulcorasse. Para tal fim, não é eficaz nenhum estereótipo literário, nenhuma preconcebida "arte de bem escrever", mas valem, sim, os amplos recursos experimentais da poética da modernidade, de Mallarmé e Pound até agora. As técnicas diagramáticas da poesia espacial; a dança anagramática das figuras de som e sentido em Joyce ou em Khliébnikov (procedimento não diferente daquele que Saussure, espantado com a própria descoberta, foi lobrigar na remota poesia védica, na antiga poesia germânica aliterante e no fundo da tradição greco-latina); a retomada metafórico-etimológica, que ajuda Pound, via Fenollosa, a "inventar a poesia chinesa para o nosso tempo" (Eliot *dixit)*. A "obscuridade oracular", a "forma paralelística" da escritura bíblica, na qual "há muitos jogos sonoros e de palavras que desaparecem em nossas traduções solenes"; o fato de ser "a língua, em si mesma, extremamente expressiva, cheia de efeitos onomatopaicos" (EW), tudo isso parece efetivamente requerer um tratamento poético que lhe seja congenial, ao invés da neutralização acadêmica ou da suspicácia filológica.

Oralidade: Uma Rítmica Tipográfica

Uma das contribuições fundamentais de HM está na questão da rítmica e da prosódia da poesia bíblica. Julgando não pertinente quanto aos textos bíblicos a distinção convencional entre poesia e prosa, HM propõe "um sistema de brancos, um ritmo tipográfico, visual", capaz de notar a escansão dos segmentos frásicos do texto, pois, segundo opina, a estrutura rítmica já é portadora de sentido. Deixa de parte a filiação mallarmeana, as "subdivisões prismáticas da Ideia" (como se em Mallarmé não houvesse toda uma prosódia subjacente a seus "brancos da página"). Prefere invocar um outro grande precursor, o jesuíta Gerard Manley Hopkins, para sublinhar esse esforço de captação do "movimento da palavra na escritura". O fato é que o problema da notação rítmico-visual do verso, de sua leitura implícita, de suas possibilidades de oralização e elocução, de sua música interna, marca a poesia moderna, desde o verso livre simbolista e da intervenção tipográfica de Mallarmé. Pode ser rastreado na página arborescente do

Phantasus de Arno Holz (entre Whitman e Mallarmé)[5]. Deixa-se reconhecer na partitura tribunícia de Maiakovski, visualizada graficamente por Lissitski[6]. Opera nos recursos ideogramáticos de Ezra Pound (preocupado com o registro visual do *cantabile* prosódico, tal como se pode observar em sua tradução espacializada de "Donna me prega", de Guido Cavalcanti, que tanto tem escandalizado os estudiosos convencionais)[7]. Pulsa na respiração da página de William Carlos Williams, na *oral poetry* de Charles Olson, na *jazz-poetry* dos poetas-*beat*.

É bem verdade que HM pretende alguma coisa de "não arbitrário" para responder aos acentos rítmicos, às possibilidades de modulação oral, enfim, à dicção inerente ao texto bíblico. EW, falando da visualidade dos caracteres hebraicos, "que retêm o aspecto de terem sido gravados originalmente na pedra", refere-se à "dança dos acentos" que indica no texto "a estrutura rítmica e o elevar ou cair do canto". Essa dialética de ênfases e pausas é que o poeta e teórico HM busca preservar em suas traduções. Para tanto, desenvolveu um método de transposição engenhoso e rigoroso, ainda que não possa fugir a um certo reducionismo, inevitável diante do número e da variedade dos acentos prosódicos do original, que se destinam à escansão tônica e à cantilação, não correspondendo necessariamente à pontuação lógico-sintática.

A acentuação massorética em hebraico abrange dezoito acentos disjuntivos e nove conjuntivos. Desse sistema, HM guardou a pausa final de versículo, *sof pasuq,* sinalizada no original pelo *silluq* (em sua transposição, HM fez com que cada versículo terminasse num espaço branco, "sem ponto, não necessariamente um fim de frase, mas a conclusão de uma unidade de fôlego"); conservou a pausa de hemistíquio, *'athnáh* (para esta pausa intermediária, abre uma alínea em destaque na página e começa o novo hemistíquio com maiúscula); valeu-se, ainda, de "brancos" intercalares para separar internamente segmentos do texto, sempre

---

5. Sobre Holz e sua *Mittelachsenpoesie,* ver meus artigos "Phantasus e a Revolução da Lírica" e "Phantasus: A Elefantíase do Projeto", Suplemento Literário de O *Estado de S. Paulo,* 10.3.1962 e 12.5.1962.
6. Ver meu estudo "Maiakovski e o Construtivismo", em Maiakovski, *Poemas,* tradução de Boris Schnaiderman, Augusto e Haroldo de Campos, São Paulo, Perspectiva, 1983.
7. Sobre "Donna me prega" de Guido Cavalcanti, ver meu ensaio "Futurismo no *Duecento?*", em Augusto e Haroldo de Campos, *Traduzir & Trovar,* São Paulo, Papyrus, 1968; ampliado e republicado com o título "O Metatexto sobre o Amor" na revista *Estudos Italianos em Portugal,* nº duplo 43-44, Lisboa, Istituto Italiano di Cultura, 1980-81.

que ocorram acentos disjuntivos importantes *(segoltá, zaqef qaton, zaqef gadol)*; quanto aos acentos disjuntivos secundários, com valor mais de ênfase do que de pausa, notou-os por um branco intervalar menor. É bem de ver que, na notação original, os disjuntivos ou *domini* (conforme são denominados na nomenclatura latina de alguns gramáticos) dividem-se em principais, médios, menores e mínimos ("imperadores", "reis", "duques", "condes"), acompanhados sempre de seus *servi* (os conjuntivos); no arranjo frásico, repita-se, a ordem musical, o registro emotivo podem prevalecer sobre a consecutividade lógica.

De minha parte, correndo o risco de uma simplificação ainda maior, busquei delinear um projeto próprio, tomando em consideração os critérios de HM, bem como a descrição de Benjamin Hrushovski, que ressalta a extrema flexibilidade da "forma expressiva" da literatura bíblica (grupos condensos de palavras, regidos por variações paralelísticas semântico-sintáticas; ritmo de aparência "livre")[8]. Não utilizei alíneas para destacar os hemistíquios, não necessariamente iguais, do original, mas convencionei uma sinalização mais ostensiva para o jogo de pausas, para salientar a "pneumática" ou respiração do texto. Preocupou-me, desde logo, obviar à dificuldade em reconhecer com presteza e nitidez os segmentos em branco interpontuados na composição, no que respeita ao valor diferencial de pausa atribuível a cada um deles. Nesse sentido, além da gradação dos espaços intervalares, entendi necessário tornar ainda mais evidente a marcação na página para o olho. Imaginei, assim, inscrever nesses espaços (maiores, menores e mínimos, conforme as pausas de leitura ou entonação) sinais disjuntivos (§§§ §§ §). Optei, na prática, por manter o alinhamento invariável dos versículos apenas a partir da margem esquerda, segundo o hábito composicional. Isso quer dizer que, no meu projeto, não foi necessário tabular também a margem direita, para efeito de alinhamento. Se perco, assim, em precisão, ressalto, em compensação, o aspecto anafórico da construção do texto, a repetição da conjunção "e" (o *vav* copulativo ou consecutivo). Limito a disseminação da figura rítmico-espacial, mas deixo, em contrapartida, entrever algo da compactura da página hebraica, onde a notação massorética apenas insinua uma partitura

---

8. Benjamin Hrushovski, "Note on the System of Hebrew Versification", em T. Carmi, *Hebrew Verse*, New York, Penguin Books, 1982; "Prosody, Hebrew", *Encyclopaedia Judaica*, New York, 1971.

prosódica, que a tradução tipográfica torna manifesta. ("As letras de configuração retangular sucedem-se em seu curso, sem maiúsculas para os nomes próprios e sem pontuação, salvo o firme diamante geminado que marca o fim de cada versículo, compacto na forma como no sentido, estampado na página como se gravado em madeira, um verso sólido ligado a outro pelo 'e' sempre recorrente...", EW.)[9]. Em adendo a este ensaio introdutório, incluo uma "convenção de leitura", para efeito de oralização de minha tradução[10]

Registro de Algumas Soluções

Nos limites desta introdução, seria impossível fazer um comentário exaustivo às opções de tradução, às soluções adotadas. Contentar-me-ei com salientar, nos apontamentos abaixo, apenas alguns dos efeitos de transcriação, que visam a reproduzir, paramorficamente, ora certos giros sintáticos do original, ora certas peculiaridades lexicais; que recapturam aqui uma etimologia de vibração metafórica, ali um jogo paronomástico, aspectos geralmente obscurecidos nas traduções convencionais. HM toma posição restritiva diante do *calque* sintático e lexical. Parece aceitá-lo no latim hebraizante de São Jerônimo, endossando o elogio de Valéry Larbaud; censura-o na tradução "descentrada" de Edmond Fleg, embora reconhecendo o papel pioneiro da tentativa de "desafrancesamento" por este empreendida; critica-o, com veemência, no projeto mais recente de André Chouraqui, cujos resultados lhe parecem afetados por uma concepção anacrônica de poesia[11] Walter Benjamin, como se sabe, defendeu a literalidade, em especial à sintaxe

9. Numa primeira versão, fiz intervir, em alguns pontos estratégicos do texto traduzido, palavras-chave, grafadas em hebraico *(bere'shith, yom 'ehad* etc.), com função semafórica, assim como Pound, nos *Cantares*, introduz certos ideogramas emblemáticos. EW, falando da satisfação que lhe proporcionava o traçado de vocábulos hebraicos no papel, com tinta preta e pena larga, compara-a a um vislumbre do que seriam os prazeres da caligrafia chinesa... Numa edição bilingue, essa alusão grafemática ao original torna-se prescindível.
10. No tópico "Preliminares à Tradução" de meu ensaio introdutório ao *Qohélet* (QO), trato mais demoradamente do problema da prosódia e da respectiva notação, indicando bibliografia complementar.
11. Cf. HM e bibliografia citada na nota 22 de meu estudo introdutório ao QO. O elogio de Valéry Larbaud ao latim "inventado" por São Jerônimo está em *Sous l'Invocation de Saint Jérôme*, Paris, Gallimard, 1946.

(nas traduções sofoclianas de Hoelderlin), como o passo mais radical na compreensão da tradução considerada como uma *forma*. É evidente que uma *hiperliteralidade* à forma significante nada tem a ver com "barbarismos" ingênuos ou inversões imperitas e mecânicas. Responde, isto sim, a uma operação de estranhamento e alargamento da língua do tradutor, muito distinta da bizarria canhestra. É um excesso lúcido, um voo que só a aturada perícia artesanal permite ao poeta-tradutor perfazer sem colapso[12].

O Primeiro Versículo

Mas voltemos ao *Gênese*. O primeiro problema se põe logo nas três palavras iniciais do v. 1: *bere'shith/ bará' 'elohim*. Segundo a interpretação de HM, a ideia de uma "criação a partir do nada" não decorre necessariamente da leitura hebraica do texto. O verbo *bará'* (que arriva etimologicamente de "cortar") não implicaria essa conotação. Remontando à exegese medieval de Rashi de Troyes (1040-1105), HM sustenta que a primeira coisa a ser criada teria sido a luz (I, 3; este versículo constituiria a proposição principal). De fato, em nota à *TH*, lê-se:

> O exegeta Rashi quer que o primeiro versículo do *Gênese* seja traduzido da seguinte maneira: "No princípio, ao criar Deus os céus e a terra, 2) a terra era vã etc.", pois a Escritura Sagrada não quer mostrar aqui a ordem da Criação: a prova disso é que o fim do segundo versículo dá a entender que as águas já existiam antes dos céus e da terra[13].

12. Ver meu estudo introdutório ao *QO*, em especial nota 12. Caso curioso de hesitação produtiva entre versão literal "bruta" (traslado direto do hebraico, "não só nas sentenças e palavras, mas ainda no concerto e no ar delas"; *c.* 1561) e refazimento literário "polido" (paráfrase em "oitavas reais"; 1562-1570) encontra-se em Fray Luis de León (cf. *Cantar de Cantores*, edição e prólogo de Jorge Guillen, Salamanca, Sígueme, 1980). A respeito, pude consultar com proveito o texto (inédito) de uma palestra de Diana Gibson (Yale, 1978).
13. O comentário de Rashi à Escritura é "unanimemente considerado o mais importante e de maior autoridade de toda a tradição hebraica", refere Luigi Cattani, tradutor e introdutor da recente edição italiana *Commento alla Genesi (CG)*. Rashi distingue-se pela preocupação com o "sentido literal" *(peshaf)*, sem, no entanto, deixar de lado a elaboração exegética da tradição rabínica (o *Midrash*). "Todo texto se divide em muitos significados, mas, afinal, nenhum texto é destituído jamais de seu sentido literal", eis urna súmula do pensamento hermenêutico de Rashi (cf. Paolo De Benedetti, prefaciador de *CG*). Sobre a interpretação do v. I, 1 do *Gênese* por Rashi e pelo comentador cristão Nicolas de Lyra (1270-1349), que

HM destaca, neste particular, a tradução francesa chamada do *Rabbinat (RAB),* por ter vertido *bará'* pelo mais-que-perfeito ("tinha criado"), em lugar do perfeito narrativo ("criou"), usado majoritariamente. Vê nisso uma deferência, ainda que suscetível de compromisso, hesitante, para com a hermenêutica de Rashi. De sua parte, traduz: "Au commencement / où Dieu / créait", ou seja: "No começo / em que (quando) Deus / criava". Dá, assim, ao primeiro versículo um sentido circunstancial, cabendo ao segundo a função de um inciso que prolonga essa circunstância, como prelúdio à irrupção luminosa da proposição principal. Usa o imperfeito *(créait)* porque este "rompe com o relato tradicional dos eventos numa certa ordem". Para sua leitura interpretativa desses versículos, HM recorre às *Notes on the New Translation of the Torah,* de responsabilidade de Harry M. Orlinsky (HO), que também privilegia, nessa passagem, o comentário exegético de Rashi. A tradução proposta por HO, editor-em-chefe do comitê encarregado da nova versão da *Torá,* adota a construção temporal: "When God began to create".

Outros subsídios podem ser trazidos a exame. Nas notas à *TH,* lê-se ainda: "O *Talmud* proclama que o Universo não teria sido criado se não fosse pelo mundo espiritual, pela palavra divina, pela *Torá,* chamada *Reshit,* princípio de tudo". No *Zohar* (1280-1286), o mais influente dos livros cabalistas, que expõe uma concepção emanacionista da criação, a palavra *'elohim* (Elohim, Deus) seria objeto e não sujeito de *bará',* sendo *re'shith* (que, note-se, tem a ver com *ro'sh,* "cabeça"), "a partida ou arranco primário pelo qual o Deus imerso em si é exteriorizado"[14]. Mesmo da perspectiva do cristianismo, o *Dicionário de Teologia Bíblica (DTB)* de Bauer, referindo-se ao *Antigo Testamento,* diz que "ele não

recebeu influência do notável exegeta judeu, pode-se consultar com proveito Herman Hailperin, *Rashi and the Christian Scholars,* Pittsburgh, University of Pittsburgh Press, 1963.
14. Cf. Gershom Scholem, *A Mística Judaica* (Aid). Ver *Zohar (Le Livre de la Splendeur),* tomo I, traduzido e anotado por Jean de Pauly, Paris, Editions Maisonneuve & Larose, 1985. Em *A Cabala e seu Simbolismo (CAB),* Scholem expõe a "maneira paradoxal" pela qual a Cabala se afasta da "teologia racional" do rabinismo. Esta, "indo mais longe ainda do que a posição bíblica a respeito da Criação, tentou romper definitivamente com todos os vestígios do mito"; para isso, substituiu a concepção da "conquista do caos" pela ideia da *creatio ex nihilo.* A Cabala inverte o significado dessa fórmula. O caos reaparece como o "nada" que "sempre estivera presente em Deus, não estava fora dele, nem fora suscitado por ele". Segundo Scbolem, trata-se de um "mal-entendido produtivo, por meio do qual imagens míticas foram descobertas no âmago mesmo de conceitos filosóficos".

apresenta o pensamento da criação no sentido de uma prova lógica e de um ponto de vista doutrinário, mas, antes, sob a forma narrativa de um fato". E acrescenta:

> Como homens de nosso tempo, quando falamos em *criação,* logo pensamos na "criação a partir do nada". Mas se interrogarmos a Escritura a respeito da *creatio ex nihilo,* esta não nos aparece como uma peça capital de um edifício, mas como consequência da glória e do senhorio de Deus...

A *BJ* interpreta:

> A narrativa começa no v. 2; o v. 1 é um título, ao qual corresponde a conclusão de II, 4 ("Essa é a história do céu e da terra, quando foram criados."). O céu e a terra são o universo ordenado, o resultado da criação. Esta é expressa pelo verbo *bará',* que é reservado à ação criadora de Deus, diferente da ação produtora do homem. Não é preciso introduzir aqui a noção metafísica da criação *ex nihilo,* que não deverá ser formulada antes do *Livro II* dos *Macabeus* (VII, 28), mas o texto afirma que o mundo teve um princípio: a criação não é um mito atemporal, ela é integrada na história da qual é o início absoluto[15].

Não obstante a questão teológica envolvida, tanto a *TH,* como o *DTB,* bem como as edições consultadas da Bíblia, traduzem *bará'* pela mesma forma verbal, o perfeito ("criou"), cingindo-se ao princípio da "ação acabada", geralmente associado ao "completo" hebraico[16].

---

15. Jean Bottero, especialista em religiões semíticas, escreve a propósito: "... pelo menos no que diz respeito à Bíblia em si mesma, o conceito de Criação propriamente dito, *ex nihilo,* elaborado posteriormente, ainda não aparece. Deus organiza um imenso Caos, o transforma, o guarnece, mas esse Caos existia 'no começo' e em nenhum ponto está dito indubitavelmente que Deus tenha sido o seu autor e o tenha tirado de um nada absoluto anterior" (cf. "Les Origines de l'Univers selon la Bible", em JB). Quanto ao *Livro II* dos *Macabeus,* Bottero assinala que se trata de um "Apócrifo" (não incluído no cânon hebraico, portanto), composto em grego sob influência helenística.

16. Na obra coletiva *Exegese des Alten Testaments (EAT),* salientam-se as "diferentes possibilidades sintáticas" com que se depara o leitor logo nos primeiros versículos da Bíblia. Depois de reproduzir a tradução usual: "Im Anfang schuf Gott den Himmel und die Erde" ("No princípio Deus criou o céu e a terra"), os redatores propõem a seguinte indagação: "O v. 1 é afinal uma oração principal ou uma subordinada *(Nebensati)* e, neste caso, uma oração temporal *(Temporalsatz)* subordinada? Se for procedente esta última hipótese, a oração principal está no v. 2 ou no v. 3?" Entre as alternativas de leitura, oferecem-se as seguintes: "Zu Anfang des Schaffens Gottes (als Gott schuf) den Himmel und die Erde, war die Erde..." / "No começo do criar de Deus (quando Deus criou) o céu e a terra, a terra era...;" "Als Gott begann, den Himmel und die Erde zu schaffen..." ("Quando Deus começou a criar o céu e a terra...").

A Metáfora Cosmológica

De minha parte, atento basicamente às possibilidades de recriação poética derivadas da ambiguidade da estrutura linguística do original, utilizo uma construção com o infinito substantivado ("No começar") e com o verbo no gerúndio ("criando"). Isto permite um remontar ao cenário da origem (como *em flashback* sintático), à circunstância da criação, recapitulando no "feito" o seu "em se fazendo". "Começar" e "criando" aliteram (como *bere'shith* e *bará*). Completando a metáfora cosmológica, traduzi *shamáyim* por "fogoágua", em lugar de "céu", já que, sempre na esteira de Rashi, HM sugere que, na palavra hebraica, pode-se entrever um composto *de 'esh* ("fogo") e *máyim* ("água"), embora ele próprio não tire partido desse verdadeiro "pictograma" etimológico[17]. Dentro da ideia de uma tradução "laica", pareceu-me que a imagem cósmica de um magma de fogo e água previne a projeção, neste ponto, de um "céu" abstrato, já conceptualizado. Tanto a componente ígnea como a líquida pertencem, por outro lado, à imaginação bíblica de um cosmo supraterrestre; lembre-se a visão de Ezequiel ou, ainda, o "mar de cristal, misturado com fogo", do *Apocalipse* (IV, 6; XV, 2), associável ao oceano celeste que se irá desenhar no v. 7 (cf., no *Salmo* CIV, 3, a alusão às águas sobre as quais Deus edifica sua "morada sublime")[18].

Traduzi *thóhu vavóhu* por "lodo torvo", tentando redesenhar o jogo fonossemântico do original. "Vazio", "nudez", "desolação" são os significados tradicionalmente atribuídos a este sintagma, constituído de palavras quase-sinônimas. HM, que salienta a conotação "matéria informe", dá uma excelente tradução: "Et la terre / était boue / et trouble". Na *BJ*, lemos: "Ora, a terra estava vazia e vaga", e sentimos que o

---

17. Rashi menciona a criação do céu *(shamáyim)* por meio de "fogo" e "água", ou da "mistura" de ambos, ao comentar os w. 1 e 8 *(CG)*.

18. A visão do "trono de Deus" no *Apocalipse*, como se costuma observar, extrai elementos de inspiração das teofanias proféticas de Ezequiel e Isaías. Por outro lado, seria interessante considerar como se projetariam nesse cenário as "metáforas cosmológicas" da física moderna. Assim, por exemplo: "... o Universo nasceu do fogo, num *Big Bang* quente"; "... um centésimo milésimo de segundo depois do princípio, o Universo era uma massa fervilhante de partículas e radiações, um caldo turbilhonante..."; "... o caldo cósmico..." (cf. John Gribbin, *Gênese: As Origens do Homem e do Universo*, trad. bras., Rio de Janeiro, Francisco Alves Editora, 1983).

esforço aliterativo esbarra num atravanco indesejável: "estaVA VAzia..." Prefiro o "E a terra era vã e vazia" da *TH.* "A terra, porém, estava informe e vazia", fórmula da *BS,* passa ao largo do problema sonoro[19].

Vali-me do exemplo de Sousândrade, o mais inventivo dentre os nossos poetas românticos, para traduzir *verúah 'elohim* por "e o sopro--Deus", mantendo a força paratática do genitivo construto em hebraico. (Em Sousândrade, encontramos sínteses atributivas, verdadeiros relâmpagos sintáticos, onde as relações de pertinência se expressam por simples justaposição: "alma-Deus", "Ângelus-ave", "fronte-talis-mã".)[20] "Revoa", no presente, replica ao jogo entre o particípio durativo *(merahéfeth)* e o "fundo do passado", ressaltada por HM. A tradução pelo imperfeito é a usual *(BJ:* "pairava"; *TH:* "se movia")[21]. "Dia um" equivale a *yom 'ehad.* HM observa: "O cardinal, não o ordinal, como nos demais dias". E comenta: "É o tempo primordial, unidade primitiva, indiferenciada, do espaço e do tempo". Lembra a glosa de Rashi: "Por que está escrito: um? Porque Deus era *Uno* e único em Seu universo". ("Primeiro dia", lê-se na *BJ,* pois assim o demanda a convenção estilística; mais fiel à força do original, a *TH* traz, simplesmente, "dia um"; "primeiro", em hebraico – observe-se, diz-se *ri'shon.*)

---

19. Buber, preocupado com a "oralidade" *(Gesprochenheit)* do texto bíblico, traduziu por *Wirrnis und Wüste* ("confusão e deserto") esse par de vocábulos, numa primeira versão, em colaboração com F. Rosenzweig *(Die Schrift 1 – Das Buch im Anfang,* Berlin, Schoken Verlag, 1936); na edição revista (ver BR), publicada em 1954 – Rosenzweig falecera em 1929 –, a solução é aprimorada: *Irrsal und Wirrsal* ("turvação e confusão").

20. Ver Augusto e Haroldo de Campos, *ReVisão de Sousândrade,* Rio de Janeiro, Nova Fronteira, 1982. No *Salmo,* XXXIII, 6, encontramos, ligada à ação criadora de Deus, a expressão *uverúah piv* ("e pelo sopro de sua boca"), verdadeira metonímia cosmogônica.

21. Buber assinala a recíproca iluminação que se estabelece entre a imagem deste v. 2 e a do "Cântico de Moisés" *(Deuteronômio,* XXXII, 11), em que Deus, relativamente ao povo de Israel, é comparado à águia "que vela por seu ninho e *revoa* sobre seus filhotes"; a pregnância do vínculo se manifesta desde logo no nível acústico, já que o verbo *rahaf,* empregado nas duas passagens, é extremamente raro. As "águas da pré-criação" corresponderiam ao "ninho", e as criaturas, na iminência de ser, aos "filhotes" incitados a voar. (Cf. Zu *einer neuen Verdeutschung der Schrift,* folheto anexo à tradução de Buber-Rosenzweig, BR; ver, ainda, as "considerações finais" do folheto anexo a MB, *Zur Verdeutschung des letzten Bandes der Schrift).* Na tradução, versão de 1936, lê-se "brütend allüber den Wassem"; na versão revista, de 1954 (BR), "schwingend fiber dem Antlitz der Wasser"; nos dois casos, um particípio presente (uma forma gerundial em português: "incubando" e "oscilando").

Dia Segundo

Releva notar a palavra "arcada" (I, 6), com que traduzi *raqia'*. O *DO* registra para este vocábulo as acepções "superfície estendida", "expansão" (sólida), especificando, no caso, o sentido de "abóbada do céu, ou firmamento, considerado pelos hebreus como algo sólido, que suportava águas". A *BJ* comenta: "A aparente *abóbada* do céu era, para os antigos semitas, uma sólida cúpula que retinha as águas superiores; através de suas aberturas jorrará o dilúvio". Em português, "arcada" significa "abóbada arqueada"; "arco", entre outras, tem a acepção de "curvatura da abóbada". ARCada, fonicamente, evoca *RAQia'*. A partir do v. 8, em que se dá a nomeação do "céu" por Elohim, passo a usar da expressão composta "céufogoágua", retendo, sempre que possível, ao lado da ideia abstrata, a imagem concreta, o sentido literal conjugado à metáfora etimológica do exegeta Rashi. O par "sob-a-arcada" / "sobre--a-arcada" responde concisamente ao hebraico *mittáhath laraqia'/meʻal laraqia'*.

Dia Terceiro

Vislumbrei, no original, um apelo paronomástico entre *hammáyim* ("as águas") e *yammim* ("mares"). Para reter algo dessa cumplicidade de ressonâncias que perpassa na poesia bíblica, fiz ecoar "águas" junto a "mar" (termo que em português significa também "grande quantidade ou extensão"; por exemplo, "mar de histórias"). Obtive, assim, a locução "mar-de-águas", recuperando a imagem precedente das "águas reunidas" (v. 10). As aliterações entre "disse" / "vice" / "vicejou" e, ainda, em "terra" / "relva" / "erva" / "gere" visam a reproduzir análoga disseminação de sons no original (por exemplo: entre *tadshê'*, "que vice", e *déshe'*, "relva", v. 11). Vi confirmadas minhas percepções por Umberto Cassuto, que, em seu *Comentário ao Livro do Gênese* (UC), refere-se a "jogo de palavras" e a "paronomasia" para sublinhar esses efeitos. O trabalho sonoro, nesses casos, rege-se pela lei da compensação.

Dia Quarto

Usei as variações entre "luminárias", "luzeiros" e "iluminar" (da mesma raiz LUC, de que procedem em latim *lux* e *lumen)* para, de algum modo, corresponder aos transformismos que sofre a palavra *'or* ("luz") em *me'oroth* ("luminárias"), *leha'ir* ("para iluminar"), *hamma'or* ("a luminária", "o luzeiro"), v. 14-16. No v. 14, traduzi *le'othoth* (de *'oth,* no plural *'othoth,* "sinais, emblemas das mutações da temperatura e do tempo", cf. *DO)* por "quais sinais" para obter, com a rima em eco, uma equivalente duplicação fônica.

Dia Quinto

"Alma-da-vida", "almas-de-vida" (v. 20-21) são fórmulas que buscam preservar a força do hebraico *néfesh hayyá (néfesh,* aqui, significa "alma", no sentido de "ser que respira", *DO;* não esquecer *anima,* na etimologia de "animal", ser animado, dotado de alento vital; *hayyá* procede de *hayá,* "viver"). "Alma viva", lê-se na *TH,* onde a *BJ* preferiu a expressão convencional "seres vivos"; na *BS* está: "répteis animados e viventes" e "animais que têm vida". "Frutificai multiplicai cumulai", pondo em relevo o fonema velar /u/ num esquema similarmente ressoante, é a minha réplica à sequência de imperativos *pru urvú umiTú* (v. 22). Em convergências translinguísticas como esta, a "língua pura" de Walter Benjamin, independentemente de parentesco histórico ou etimológico, deixa entrever o seu fulgor messiânico. A tradução convencional é: "Sede fecundos, multiplicai-vos, enchei (a água dos mares)", *BJ.*

Dia Sexto

Nos v. 24-25, há que manter a oposição entre animais domésticos *(behemá),* em minha tradução "animais-gado" (cf. *IH, DO,* HO), e animais selvagens *(haytho-'eretz,* "animais da terra"), assim chamados em razão de sua energia vital *(DO).* Para estes últimos, uso "animais-feras", retendo no composto com hífen, assim como na correspondência sonora "feras" / *éretz* ("terra"), uma citação à forma do original. No cenário auroral-edênico da criação, todos esses animais são pacíficos e herbívoros.

Nas expressões "à nossa imagem / conforme-a-nós-em-seme-lhança", v. 26, há uma tentativa de recapturar, semântico-sintaticamente, a disposição do texto hebraico. Harper *(IH)* dá-lhes os seguintes equivalentes literais em inglês: "in-image-our" *(betzalmênu)* e "according-to-likeness-our" *(kidmuthênu)*. Estão em jogo dois conceitos vizinhos, *tzélem* e *demuth*, envolvendo as ideias de "imagem" (algo "talhado ou cortado a partir de") e "similaridade" *(DO)*. A razão do emprego cumulativo desses termos afins seria conferir-lhes ênfase dignificadora (cf. Preuss, *THW-II*)[22]. Note-se, por outro lado, na sintaxe do v. 27, um efeito "simultaneísta": a regência pronominal, nesse" versículo de elaborada estrutura repetitiva, passa do singular *(bará' othó,* "ele o criou") para o plural *(zakhar unekevá bará' otham,* "macho e fêmea ele *os* criou"); assim, homem e mulher, segundo o teor literal do versículo, resultam criados por um mesmo ato (valendo *'adam* como termo abrangente, no sentido de "ser humano")[23].

No v. 30, com "a erva o verde-todo-verdura", procurei transcriar o original *'eth-kol-yéreq 'êsev,* que Harper *(IH)* transpõe literalmente em inglês por "every-greeness-of-herb". Na etimologia de *'êsev* já existe a ideia de "frescor", "suculência", "verdor" *(DO,* corroborado

---

22. Na *TH*, menciona-se a interpretação de Maimônides (1135-1204), no *Guia dos Perplexos* (ver MAI), distinguindo entre *tzélem* e *demuth*, por um lado, que diriam respeito à "forma espiritual", e *to'ar* e *tavnith,* por outro, relacionados com a "figura material". Assim, o trabalho exegético, agora no nível filosófico, empenhava-se em relativizar o resíduo "corpóreo" que ainda aflorava no relato bíblico da criação. Em Rashi *(CG)*, contudo, lê-se: "O texto nos explica que a imagem segundo a qual o homem foi criado reproduzia o retrato mesmo do seu criador".

23. Cassuto (UC) menciona a interpretação rabínica, seguida por muitos comentadores modernos, de que o homem teria sido criado com duas faces (hermafrodita). Rejeita-a, todavia, sublinhando que o versículo claramente enuncia: "Ele *os* criou", com o pronome no plural. Robert Alter fala em "criação simultânea de ambos os sexos, na qual o homem e a mulher são diferentes aspectos da mesma imagem divina". Quanto à interferência de uma segunda versão da criação da mulher *(Gênese*, II, 21-24), parece-lhe um artifício narrativo para englobar "perspectivas diferentes" na apresentação de um mesmo evento complexo, algo semelhante à técnica não linear da pintura pós-cubista *(ABN)*. Segundo UC, repetições ou "duplicações" como essa não constituem incongruência no pensamento semítico, mas representam "princípio estilístico" encontradiço também em outras obras da literatura do antigo Oriente, como no caso do *Epos* babilônico da criação.

por *LEX)*. Minha solução, com seu desenho sonoro, fica nessa área semântica.

O "dia sexto" conclui com Deus contemplando "o seu feito no todo", ou, em hebraico, *'eth-kol-'asher'asá* (literalmente: "tudo o que ele tinha feito", v. 31), fórmula econômica e aliterante que guiou minha solução.

A Saga da Origem

A imagem de um Deus fazedor ou fautor, um poeta cósmico, é desenvolvida nos v. 1-4 do Cap. II. Procurei explorar as virtualidades do português na mesma linha sugestiva e condensa do original. Daí soluções como "a obra toda-feita do seu fazer" (II, 2), onde "toda" ganha matiz adverbial (a palavra *mela'khá,* que surge na construção *mikkol--mela'khttó,* já conotaria a ideia de "obra como algo feito", quando referida a Deus no ato da criação, cf. *DO).* "No seu todo-plenário" (II, 1) é outro exemplo. A versão usual dessa locução é: "com todo o seu exército" *(BJ);* "e todos os seus ornatos" *(BS);* "y todo lo que hay en ellos" *(DHH);* "e todo o seu exército" *(TH).* A palavra hebraica envolvida é *tzavá' (vekhol-tzeva'am),* que significa "exército", "hoste", mas pode também indicar "o sol, a lua e as estrelas", ou, no caso específico, "a totalidade da criação" *(DO).* Saborosa, neste ponto, a versão da *Bíblia Medieval Portuguesa (BMP):* "e todos seus apostamentos" (do verbo "apostar", na acepção, em desuso, de "aparelhar", "dispor em boa ordem", "concertar")[24].

Em II, 4, encerrar-se-ia a primeira história da criação (com o fim do 1º hemistíquio: "no serem eles criados", *behibbar'ám,* ou, como eu traduzi, "enquanto eram criados"). Começaria, então, um segundo relato (a partir da segunda seção do mesmo v. 4), onde, ao nome de Elohim (Deus), passa a associar-se o de YHVH (Yahvéh, numa transposição conjetural)[25].

---

24. As acepções indicadas nos texto estão registradas no Caldas Aulete (CA). No glossário à nova edição da *BMP,* preparado por Heitor Megale *(PEN),* lê-se: "*Apostamente – o* que foi ou tinha sido posto, feito, aprontamentos; derivado do verbo apostar, da forma latina *apositu").*
25. A "primeira história da criação" *(Gênese,* I-II, 4, 1² hem.) procede do chamado *Documento Sacerdotal,* que deve ter sido redigido no curso do grande Exílio, ou pouco depois,

A palavra-chave, logo no início deste v. 4, é *toldoth,* "relato de um homem e de sua descendência" e, neste passo específico, metaforicamente, "a geração (ou 'o relato') do céu e da terra e do que deles proveio". A *LEX* refere que se trataria, aqui, de uma aplicação "por analogia", à origem do céu e da terra, da expressão *toldoth,* pertinente à "história dos primeiros homens" *(historia primorum hominum).* Na *BJ,* lê-se: "Pelo emprego desta palavra aqui, a criação é demitizada: é o começo da história e não é mais, como na Suméria e no Egito, uma sequência de gerações divinas". Traduções: "Essa é a história" *(BJ):* "Tal foi a origem" *(BS);* "Estas são as origens" *(TH).* Ponderando o sentido gerativo-genealógico e o épico, vali-me da palavra "gesta", "história", "acontecimentos históricos", "feitos" (do latim, *gestus, a, um,* "feito, executado, posto em prática"). Como nas medievais "canções de gesta" ou em "registro" (ambos da mesma raiz GER, de *gero*)[26]. No *DTB,* lê-se "os *gesta* et *facta,* as *mirabilia Dei* são o objeto de todo o *Antigo Testamento".* Com "Esta a gesta" reproduzo, ademais, a envolvente aliteração que

cerca do final do século VI antes de nossa era (JB); por volta de 550-450 a.C. (N. K. Gottwald, *ISB).* "Nas articulações desse relato transparecem claramente fortes influências da cosmologia e da cosmogonia babilônicas, que os Judeus exilados aprenderam a conhecer, ou a conhecer melhor. Mas todo esse aparelho emprestado se acha transfigurado por uma ideologia própria dos Israelitas [...]: o caráter totalmente único e transcendente de seu Deus, tornado o Deus verdadeiro e universal" (JB). A "segunda história", que começa no 2º hem. de *Gênese,* II, 4, é conhecida como *Javista* (o autor designa Deus pelo tetragrama YHVH, por alguns também vocalizado como Javé, donde o título atribuído a essa fonte). Remonta a período anterior ao grande Exílio, ou seja, ao século IX antes de nossa era (JB).*ISB,* que lhe situa a composição por volta de 960-930 a.C., durante o reinado de Salomão, comenta: "O estrato Javista no *Pentateuco* projeta concepção ou dramatização intensamente realística de Deus, repleta de descrições da divindade em termos de feições físicas humanas (antropomorfismos) e sentimentos humanos (antropopatismos)". Observe-se que a sequência diacrônica da redação dos dois racontos não foi mantida na articulação final do *Bere'shith,* de tal modo que o mais recente precede o mais antigo na ordem do encadeamento narrativo. Alter busca analogia na técnica de montagem cinematográfica (Eisenstein), para ilustrar a maneira como se dá a justaposição dos dois relatos bíblicos da criação numa sequência dinâmica. O 1º hem. do v. II, 4, constituiria um "sumário formal" da primeira história *(ABN).* Rashi *(CG)* já opinava que a fórmula *'elle toldoth,* no caso, reportava-se aos fatos precedentemente narrados. Para Cassuto (UC), o v. 4 é um "todo orgânico", que serviria para conectar ambas as narrativas, pertencendo porém à segunda, como introito.
26. Carlos Góis *(DRC)* interpreta "registro" ("registo") como uma corruptela de *res gesta* ("coisa realizada"; pl., *res gestae),* mas essa etimologia é contestada. *Regestus,* de *regera* ("transcrever num livro ou numa relação"), parece origem mais aceitável. Antenor Nascentes (AN) reproduz a seguinte definição de *registrara: liber qui rerum gestarum memoriam continet* ("livro que contém a memória das coisas realizadas").

distingue o versículo *(êlle toldoth),* realçando-lhe o torneio narrativo. Edmund Wilson: "...logo sentimos que estamos lendo uma épica ou uma saga, ou algo semelhante" (EW)[27].

O Tetragrama Inefável

No final do v. II, 4, conforme ficou dito, aparece pela primeira vez o nome impronunciável de Deus (segundo a tradição) e por isso não vocalizado no original, YHVH, conjugando-se ao de Elohim, que se vinha repetindo desde I, 1. Numa primeira versão, optei pela reprodução de ambas as expressões hebraicas, unidas pela referência comum à divindade, num composto ("Deus-Yavéh-Elohim"), qual um emblema onomástico do original. Na presente revisão, preferi atentar à convenção de leitura *(qerê,* "o que deve ser lido"), que leva a oralizar o tetragrama inefável com as vogais de *'adonai* ("Meu Senhor" ou, simplesmente, "Senhor") e, em especial, àquela outra que o substitui por *hashshém* ("o Nome"), segundo uma tradição que remonta ao *Levítico,* XXIV, 11 *(DO).* Esta última forma apelativa, que fiz preceder do pronome "Ele" ("Ele-o Nome"), pareceu-me a mais expressiva para efeito de tradução, por anunciar o nome divino sem enunciá-lo sob uma pronúncia discutível, preservando-lhe, assim, a indizibilidade.

Costuma-se associar YHVH ao verbo "ser", em hebraico *hayá(h),* forma arcaica *havá(h),* "Aquele que faz ser", ou "que dá vida", ou ainda "aquele que *é*", são algumas das interpretações de seu significado registradas no *DO.* Quanto ao que se poderia definir como uma pré-história do Nome, Buber subscreve a hipótese que o dá como uma

---

27. Pensei em "gesta" exatamente no sentido de relato épico, registro de um fazer assinalado, que se desdobra no tempo como história. Verifiquei, posteriormente, que A. Chouraqui *(ENT),* em sua tradução, já havia utilizado "Voici la geste". HM objetou a essa solução, que não lhe parece adequada aos conceitos contidos no "vocábulo de civilização" *toldoth* (cf. *PSR).* Buber e Rosenzweig, tanto na versão de 1936, como na de 1954 (BR), usam o termo *Zeugungen,* "gerações", "procriações" (no verbo *zeugen* há também a acepção de "testemunhar", "testificar"). André Jolies (AJ) vale-se do conceito de Sage (traduzido em francês por *geste,* em português por "saga"), para se referir, por exemplo, ao relato da evolução da espécie humana segundo Darwin: "Ele fez da Natureza uma gesta (saga) [...] A ciência da natureza converteu-se em ciência das origens e da genealogia..." JB vislumbra na fórmula *toldoth* do *Documento Sacerdotal* algo equivalente a "crônicas" ou "efemérides". Mantive "Esta a gesta" pelo relevo sonoro que ganha em português (mais do que uma aliteração, uma rima em eco), persuadido de que o matiz semântico que privilegei na palavra se imporá, beneficiando-se do contexto. Como alternativa, proporia: "Eis a gênese", expressão que enfatizaria o conteúdo "gerativo" do termo hebraico.

extensão do pronome *hu* ("ele"), assemelhando-se, na origem, à forma pela qual certas tribos árabes chamavam a Deus: "o Uno", "o Não-Nomeável". Reporta-se, nesse sentido, ao grito dos dervixes, *Ya-hu,* cujo significado seria "Oh! Ele". A "forma primeva" *(Urform)* desse grito poderia ter sido *Ya-huva,* desde que se admita que o pronome árabe *huva* seja a matriz semítica da qual deriva o hebraico *hu.* De *Ya-huva,* fórmula vocativo-interjectivo-pronominal, procederia o nome divino: *Yahu* e *Yahvéh* (originariamente, talvez, *Yahvah).* Comentando a resposta de Deus a Moisés no episódio da "sarça ardente" *(Êxodo,* III, 14): *'ehye(h) asher 'ehye(h),* Buber discrepa da tradução usual: "Eu sou aquele que sou" *(BJ,* "Eu sou aquele que é"), que encerraria uma declaração abstrata sobre a eternidade de Deus. Entende necessário sublinhar, nessa resposta, o significado de presença efetiva: "Eu sou (serei) presente como aquele que está aí", "que estará presente aí (ao seu lado)". Através de *'ehye(h),* a exclamação meio-pronominal, meio--interjectiva, adquire o estatuto de forma verbal. Ainda segundo Buber, a resistência à vocalização do Nome junto ao povo bíblico de Israel evidenciaria que, "no seu núcleo mais íntimo", ele teria permanecido como um "grito misterioso", no qual, "em todos os períodos até os dias do *Talmud,* esteve sempre presente a consciência do sentido do pronome *ele,* ali oculto". Por esse "caráter pronominal" residual deve orientar-se o tradutor, na opinião de Buber[28]. Num outro plano, caberia talvez referir que, para um cabalista medieval como Joseph Gicatila (Espanha, fins do século XIII), a explicação do nome de Deus seria a *Torá.* A *Torá* inteira consistiria numa tessitura, num *textus,* num tecido vivo em torno do nome inefável (Gershom Scholem, *CAB).*

Poesia da origem, cósmica e cosmogônica, além de genealogia telúrica. *Epos* do homem e da linhagem do homem projetando-se na história. Assim, nestes versículos inaugurais do *Bere 'shith,* condensa-

---

28. Cf. Martin Buber, *Zu einer nenen Verdeutschung der Schrift,* folheto anexo à tradução de Buber e Rosenzweig (BR); *idem, On the Bible,* New York, Schocken Books, 1982; ver, ainda, a esclarecedora nota de Newton Aquiles von Zuben à ed. brasileira de *Eu e Tu 'EU).* Neste v. II, 4 – e de um modo geral no *Pentateuco (Die fünf Bücher der Weisung)* – a tradução preconizada por Buber é simplesmente ER ("ELE"), a saber: "ER, Gott" ("ELE, Deus"). Ver BR. Em determinadas ocorrências, quando lhe parece necessário acentuar a "presentidade" da manifestação divina, propõe a locução nominativa ER 1ST DA ("ELE ESTA AÍ").

-se, no seu todo e em suas partes, a saga da criação, como um *Deus-Poietés,* metafórico e metonímico – il *Fattore* dantesco, el *Hacedor* borgiano –, a fez e a nomeou, e como o texto, no seu trabalho arquimemorial, insinuação permanente de leitura e recitação, a celebra.

TÁBUA DE SIGLAS

ABN *(The) Art (of) Biblical Narrative,* Robert Alter, New York, Basic Books, 1981.

AJ ANDRÉ JOLLES, *Einfache Formen,* Tubingen, Max Niemeyer Verlag, 1930. Tradução francesa: *Formes simples,* Paris, Seuil, 1972; trad, bras.: *Formas Simples,* São Paulo, Cultrix, 1976.

AN ANTENOR NASCENTES, *Dicionário Etimológico da Língua Portuguesa,* Rio de Janeiro, 1932.

BJ *(A) Bíblia (de) Jerusalém.* Tradução do texto em língua portuguesa diretamente dos originais. Tradução das introduções e notas de *La Sainte Bible,* edição de 1973, publicada sob a direção da École Biblique de Jérusalem. São Paulo, Edições Paulinas, 1981.

BMP *Bíblia Medieval Portuguesa.* I – Historias d'abreviado Testamento Velho, segundo o Maestre das Historias Scolasticas. Texto apurado por Serafim da Silva Neto, Rio de Janeiro, Ministério da Educação e Cultura, Instituto Nacional do Livro, 1958.

BR (Martin) BUBER & (Franz) ROSENZWEIG, *Die fünf Bücher der Weisung.* Verdeutscht von Martin Buber gemeinsam mit Franz Rosenzweig. Heidelberg, Verlag Lambert Schneider, 1981 (1954).

BS *Bíblia Sagrada.* Tradução da *Vulgata* pelo Pe. Matos Soares. São Paulo, Edições Paulinas, 1977.

CA CALDAS AULETE, *Dicionário Contemporâneo da Língua Portuguesa,* ed. bras., Rio de Janeiro, Editora Delta S.A., 1958.

CAB *(A) Cabala (e seu Simbolismo),* Gershom G. Scholem, São Paulo, Perspectiva, 1978.

CG *Commento (alla) Genesi,* Rashi di Troyes, Casale Monferrato, Casa Editrice Marietti, 1985.

DHH *Dios Habla Hoy. La Biblia,* Puebla, México, Sociedades Bíblicas Unidas, 1979.

DO *Dicionário Oxford. A Hebrew and English Lexicon of the Old Testament,* based on the *Lexicon* of William Gesenius, as translated by E. Robinson; edited by Francis Brown, S. R. Driver and Charles A. Briggs. Oxford, Clarendon Press, 1979.

DRC *Dicionário (de) Raízes (e) Cognatos (da Língua Portuguesa),* Carlos Góis, Rio de Janeiro – São Paulo – Belo Horizonte, Paulo de Azevedo & Cia. Ltda., 1945.

DTB *Dicionário (de) Teologia Bíblica,* Johannes B. Bauer. Trad. bras, de Helmuth Alfredo Simon. São Paulo, Edições Loyola, 1973.

EAT *Exegese (des) Alien Testaments,* G. Fohrer, H. W. Hoffman, F. Huber, L. Markert, G. Wanke, Heidelberg, Quelle & Meyer, 1983.

ENT *Entête. La Bible.* Traduite et présentée par André Choura-qui. Paris, Desclée de Brouwer, 1974.

EU *Eu (e Tu),* Martin Buber. Introdução, tradução e notas por Newton Aquiles von Zuben. São Paulo, Cortez & Moraes, 1979.

EW EDMUND WILSON, *Israel and the Dead Sea Scrolls,* New York, Farrar Strauss Giroux, 1978.

HM HENRI MESCHONNIC, *Pour la Poétique II,* Paris, Gallimard, 1973.

HO HARRY (M.) ORLINSKY, *Notes on the New Translation of The Torah,* Philadelphia, The Jewish Publication Society of America, 1969.

JB JEAN BOTTERO, *Naissance de Dieu (La Bible et l'Historien),* Paris, Gallimard, 1986.

IH *Introductory Hebrew,* William Rainey Harper, Chicago & London, The University of Chicago Press, 1974.

ISB *Introdução Socioliterária (à) Bíblia (Hebraica),* Norman K. Gottwald. Trad. bras, do Pe. Anacleto Alvarez, O.S.A. São Paulo, Edições Paulinas, 1988.

LEX *Lexicon. Lexicon Hebraicum et Aramaicum Veteris Testamenti,* quod aliis collaborantibus edidit Franciscus Zorell, S. J., Roma, Pontificium Institutum Biblicum, Reeditio Photomecanica, 1968.

MAI MAIMONIDES, *Guia de Descarnados (Guia dos Perplexos).* Trad. esp. de Fernando Valera. Madrid, Editorial Barath S. A., 1988.

MB MARTIN BUBER, *Die Schriftwerke.* Verdeutscht von Martin Buber. Heidelberg, Verlag Lambert Schneider, 1980.

MJ *(A) Mística Judaica,* Gershom Scholem, São Paulo, Perspectiva, 1972.

PEN *(O) Pentateuco* (da *Bíblia Medieval Portuguesa).* Reprodução fac-similada de *BMP,* com introdução e glossário por Heitor Megale, São Paulo – Rio de Janeiro, EDUC e Imago Editora, 1992.

PSR *Poésie sans Réponse (Pour la Poétique V),* Henri Meschonnic, Paris, Gallimard, 1978.

QO *Qohélet/O-Que-Sabe: Poema Sapiencial.* Transcriado em português, com introdução e notas por Haroldo de Campos. São Paulo, Perspectiva, 1990.

RAB RABBINAT, *La Bible.* Édition bilingue. Traduction française sous la direction du Grand-Rabbin Zadoc Kahn. Tome I – *Le Pentateuque.* Paris, Librairie Colbo, 1983.

TH *Torah (A Lei de Moisés).* Texto bilíngue. Tradução e comentário pelo Rabino Meir Matzliah Melamed. Rio de Janeiro, Edição da Congregação Religiosa Israelita Beth-El, 1980 (3ª ed.).

THW *Theologisches Wörterbuch (Zum Alten Testament).* Heausgegeben von G. Johannes Botterweck und Helmer Ringgren. Stuttgart, Berlin, Köln, Mainz, Verlag W. Kohlharnmer, 1973-78 (I-III).

UC UMBERTO CASSUTO, *From Adam to Noah (A Commentary on the Book of Genesis – Part I).* Translated from the Hebrew by Israel Abrahams. Jerusalem, The Magnes Press, The Hebrew University, 1972.

BERE'SHITH
GÊNESE (I, 1-31; II, 1-4)

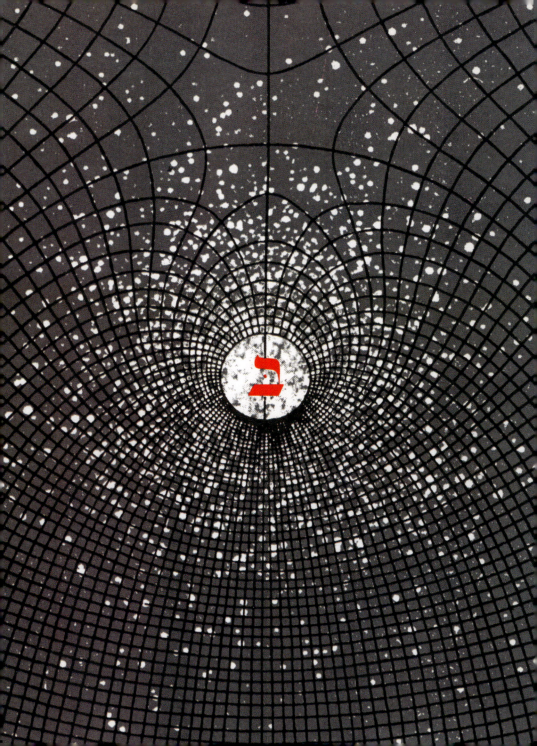

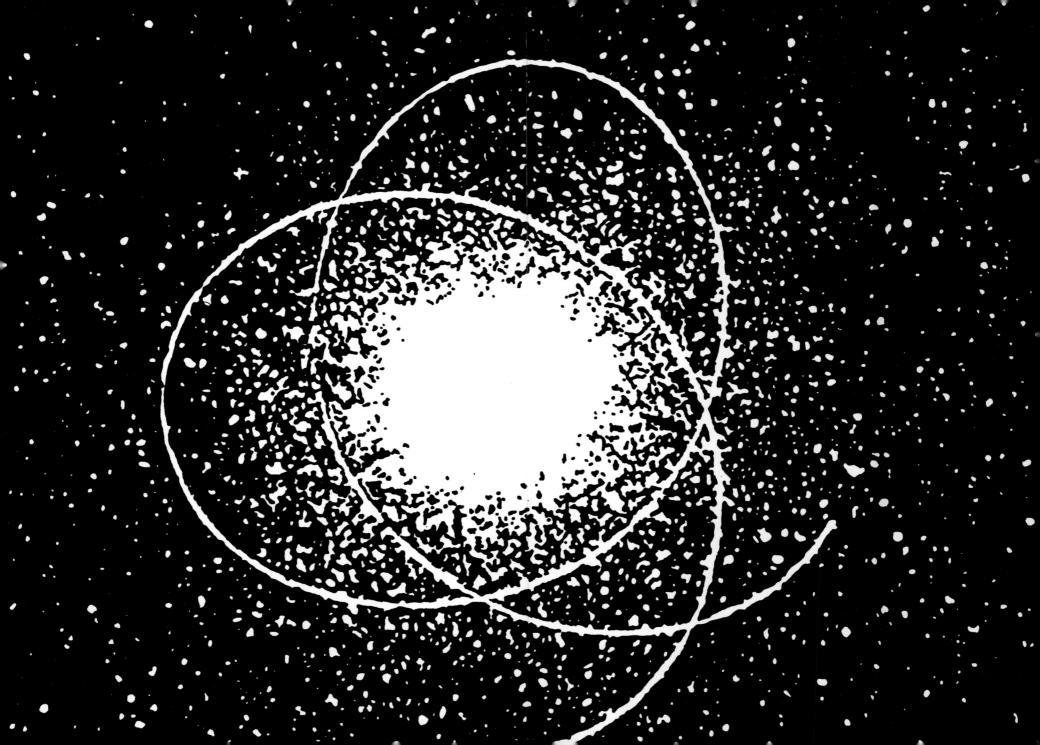

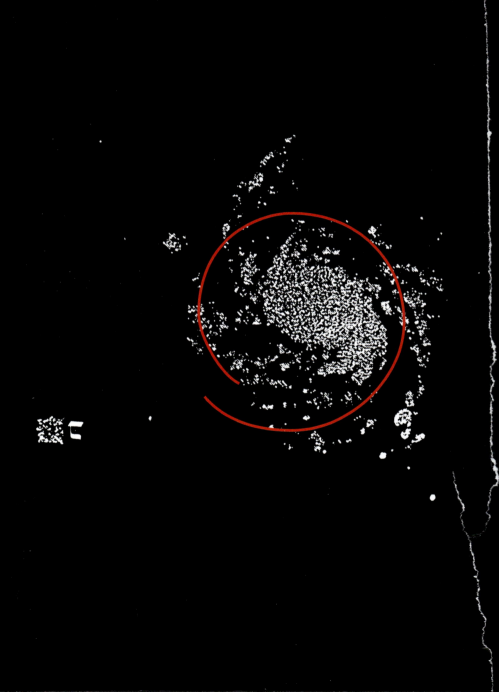

2. O corte da linha será determinado pela conveniência do arranjo tipográfico.

3. Apenas a margem esquerda é fixa, para efeito de alinhamento, como na praxe composicional habitual.

4. No caso de corte da linha, o *valor de pausa* entre a última palavra da linha anterior e a primeira da seguinte será indicado pelo sinal de disjunção (§§§ §§ §) que precedeu o corte; exclui-se do sistema a ideia de *enjambement*.

5. Ocorrendo a cesura (*'athnáḥ*), além do sinal convencionado (§§§), utilizo a maiúscula para marcar a abertura do novo hemistíquio.

6. Cada versículo é iniciado por maiúscula (na escrita hebraica não há distinção entre maiúsculas e minúsculas).

CONVENÇÃO DE LEITURA

§§§ *athnáh* (descanso) ⊼ | o principal disjuntivo, correspondente à cesura; divide o versículo em dois hemistíquios (não necessariamente iguais) *pausa* (espaçamento) *maior*

§§ *segoltá* (racimo) ∴
shalshéleth (cadeia) | ⌐ | acentos importantes
zaqef qaton (elevador pequeno) ∶_ | *pausas menores* em relação à anterior
zaqef gadol (elevador grande) ⊥∶

§ todos os demais disjuntivos (num total de treze) | acentos menos importantes *pausas mínimas*

Nota: Para efeito de leitura ritmada, cabe observar:

1. A *pausa máxima* é expressa na notação massorética por um acento especial (o sinal de "remoção" ou de "término", *silluq* ⊤), conjugado ao "duplo diamante" que marca o "final do versículo" *(sof pasuq* ❖⊤); na tipografia da tradução, essa *pausa máxima* é representada pela abertura dupla do espaço branco (entrelinha), que separa um versículo de outro.

I

1. No começar   §   Deus criando   §§§
   O fogoágua   §   e a terra

2. E a terra   §   era lodo   §   torvo   §§
   e a treva   §   sobre o rosto do abismo   §§§
   E o sopro-Deus   §§
   revoa   §   sobre o rosto da água

3. E Deus disse   §   seja luz   §§§
   E foi luz

4. E Deus viu   §   que a luz   §   era boa   §§§
   E Deus dividiu   §§
   entre a luz   §   e a treva

5. E Deus chamou a luz   §   dia   §§
   e à treva   §   chamou noite   §§§
   E foi tarde e foi manhã   §
   dia um

6. E deus Disse   §§
   seja uma arcada   §   no seio das águas   §§§

E que divida §§
entre água § e água

7. E deus fez § a arcada §§
e dividiu § entre água § sob-a-arcada §§
e água §§ sobre-a-arcada §§§
E foi assim

8. E deus chamou § à arcada § céufogoágua §§§
E foi tarde e foi manhã §
dia Segundo

9. E Deus disse § que se reúnam as águas §
sob o céufogoágua § num sítio uno §§
e que se aviste § o seco §§§
E foi assim

10. E Deus chamou ao seco § terra §§
e às águas reunidas § chamou mar-de-águas §§§
E Deus viu § que era bom

11. E Deus disse § que vice a terra § de relva §
de erva § que gere semente §§
de árvore-de-fruto § que dê fruto § de sua espécie §§
com a semente dentro § por sobre a terra §§§
E foi assim

12. E a terra vicejou § relva §
erva que gera semente § de sua espécie §§
e árvore que dá fruto § com a semente dentro §
de sua espécie §§§
E Deus viu § que era bom

13. E foi tarde e foi manhã §
dia terceiro

14. E Deus disse § sejam luminárias §
no arco do céufogoágua §§

para dividir   §§   entre o dia   §   e a noite   §§§
E para ser quais sinais   §   para as estações   §§
e para os dias   §   e os anos

15. E que sejam luminárias   §   no arco do céufogoágua   §§
para iluminar   §   a terra   §§§
E foi assim

16. E Deus fez   §§   os dois luzeiros   §   grandes   §§§
O luzeiro maior   §   para a regência do dia   §§
e o luzeiro menor   §   para a regência da noite   §§
e   §   as estrelas

17. E Deus   §   os deu   §   ao arco do céufogoágua   §§§
Para iluminar   §   a terra

18. E para reinar   §   sobre o dia e sobre a noite   §§
e para dividir   §§
entre a luz   §   e a treva   §§§
E Deus viu   §   que era bom

19. E foi tarde manhã   §
dia quarto

20. E Deus disse   §§
que as águas esfervilhem   §
seres fervilhantes   §   alma-da-vida   §§§
E aves   §   voem sobre a terra   §§
face à face   §   do céufogoágua

21. E Deus criou   §§
os grandes   §   monstros do mar   §§§
E todas as almas-de-vida rastejantes   §
que fervilham nas águas   §   Segundo sua espécie   §
e todas as aves de pena   §   Segundo sua espécie   §§
E Deus viu   §   que era bom

22. E Deus § os bendisse § dizendo §§§
frutificai multiplicai § cumulai nas águas §
do mar-de-águas §§
e que a ave § multiplique na terra

23. E foi tarde e foi manhã §
dia quinto

24. E Deus disse § produza a terra § almas-de-vida §
Segundo sua espécie §§
animais-gado e répteis § e animais-feras §
segundo sua espécie §§§
E foi assim

25. E Deus fez os animais-feras § Segundo sua espécie §
e os animais-gado § Segundo sua espécie §§
e § todos os répteis do solo § Segundo sua espécie §§§
E Deus viu § que era bom

26. E Deus disse §§
façamos o homem § à nossa imagem §
conforme-a-nós-em-semelhança §§§
E que eles dominem sobre os peixes do mar §
e sobre as aves do céu §
e sobre os animais-gado § e sobre toda a terra §§
e sobre todos os répteis § que rastejem sobre a terra

27. E Deus criou o homem § à sua imagem §§
à imagem de Deus § ele o criou §§§
Macho e fêmea § ele os criou

28. E Deus § os bendisse §§
e Deus § lhes disse §
frutificai multiplicai § cumulai na terra §
e subjugai-a §§§
E dominai § sobre os peixes do mar §
e sobre as aves do céu §§
e sobre todo animal § que rasteje sobre a terra

29. E Deus disse   §
    eis que vos dei   §
    toda a erva   §   que gera semente   §
    sobre a face de toda a terra   §§
    e toda a árvore   §   onde o fruto-da-árvore   §
    gera semente   §§§
    Isto vos caberá   §   por alimento

30. E para todo animal da terra   §
    e para toda ave do céu   §
    e para tudo   §   o que rasteja sobre a terra   §
    com alma-de-vida dentro   §§
    a erva o verde-todo-verdura   §   por alimento   §§§
    E foi assim

31. E Deus viu   §   o seu feito no todo   §§
    e eis que era   §   muito bom   §§§
    E foi tarde e foi manhã   §
    dia sexto

II

1. E foram conclusos   §   o céufogoágua e a terra   §
   e seu todo-plenário

2. E Deus concluiu   §   no dia sétimo   §§
   a obra   §   do seu fazer   §§§
   E ele descansou   §   no dia sétimo   §§
   da obra toda-feita   §   do seu fazer

3. E Deus bendisse   §   o dia sétimo   §§
   e o   §   santificou   §§§
   Pois nele descansou   §   da obra toda-feita   §§
   que Deus criou   §   no fazer

4. Esta a gesta do céufogoágua   §   e da terra   §
   enquanto eram criados   §§§
   No dia   §   de os fazer   §   Ele-O Nome-Deus   §
   terra e céufogoágua

בראשית א

הַגְּדֹלִים וְאֵת כָּל־נֶפֶשׁ הַחַיָּה ׀ הָרֹמֶשֶׂת אֲשֶׁר שָׁרְצוּ הַמַּיִם
לְמִינֵהֶם וְאֵת כָּל־עוֹף כָּנָף לְמִינֵהוּ וַיַּרְא אֱלֹהִים כִּי־טוֹב:

כב וַיְבָרֶךְ אֹתָם אֱלֹהִים לֵאמֹר פְּרוּ וּרְבוּ וּמִלְאוּ אֶת־הַמַּיִם בַּיַּמִּים
כג וְהָעוֹף יִרֶב בָּאָרֶץ: וַיְהִי־עֶרֶב וַיְהִי־בֹקֶר יוֹם חֲמִישִׁי:

כד וַיֹּאמֶר אֱלֹהִים תּוֹצֵא הָאָרֶץ נֶפֶשׁ חַיָּה לְמִינָהּ בְּהֵמָה וָרֶמֶשׂ
כה וְחַיְתוֹ־אֶרֶץ לְמִינָהּ וַיְהִי־כֵן: וַיַּעַשׂ אֱלֹהִים אֶת־חַיַּת הָאָרֶץ לְמִינָהּ
וְאֶת־הַבְּהֵמָה לְמִינָהּ וְאֵת כָּל־רֶמֶשׂ הָאֲדָמָה לְמִינֵהוּ וַיַּרְא
כו אֱלֹהִים כִּי־טוֹב: וַיֹּאמֶר אֱלֹהִים נַעֲשֶׂה אָדָם בְּצַלְמֵנוּ כִּדְמוּתֵנוּ
וְיִרְדּוּ בִדְגַת הַיָּם וּבְעוֹף הַשָּׁמַיִם וּבַבְּהֵמָה וּבְכָל־הָאָרֶץ וּבְכָל־
כז הָרֶמֶשׂ הָרֹמֵשׂ עַל־הָאָרֶץ: וַיִּבְרָא אֱלֹהִים ׀ אֶת־הָאָדָם בְּצַלְמוֹ
כח בְּצֶלֶם אֱלֹהִים בָּרָא אֹתוֹ זָכָר וּנְקֵבָה בָּרָא אֹתָם: וַיְבָרֶךְ
אֹתָם אֱלֹהִים וַיֹּאמֶר לָהֶם אֱלֹהִים פְּרוּ וּרְבוּ וּמִלְאוּ אֶת־הָאָרֶץ
וְכִבְשֻׁהָ וּרְדוּ בִּדְגַת הַיָּם וּבְעוֹף הַשָּׁמַיִם וּבְכָל־חַיָּה הָרֹמֶשֶׂת
כט עַל־הָאָרֶץ: וַיֹּאמֶר אֱלֹהִים הִנֵּה נָתַתִּי לָכֶם אֶת־כָּל־עֵשֶׂב ׀ זֹרֵעַ
זֶרַע אֲשֶׁר עַל־פְּנֵי כָל־הָאָרֶץ וְאֶת־כָּל־הָעֵץ אֲשֶׁר־בּוֹ פְרִי־עֵץ
ל זֹרֵעַ זָרַע לָכֶם יִהְיֶה לְאָכְלָה: וּלְכָל־חַיַּת הָאָרֶץ וּלְכָל־עוֹף
הַשָּׁמַיִם וּלְכֹל ׀ רוֹמֵשׂ עַל־הָאָרֶץ אֲשֶׁר־בּוֹ נֶפֶשׁ חַיָּה אֶת־כָּל־
לא יֶרֶק עֵשֶׂב לְאָכְלָה וַיְהִי־כֵן: וַיַּרְא אֱלֹהִים אֶת־כָּל־אֲשֶׁר עָשָׂה
וְהִנֵּה־טוֹב מְאֹד וַיְהִי־עֶרֶב וַיְהִי־בֹקֶר יוֹם הַשִּׁשִּׁי:

ב א וַיְכֻלּוּ הַשָּׁמַיִם וְהָאָרֶץ וְכָל־צְבָאָם: וַיְכַל אֱלֹהִים בַּיּוֹם הַשְּׁבִיעִי
מְלַאכְתּוֹ אֲשֶׁר עָשָׂה וַיִּשְׁבֹּת בַּיּוֹם הַשְּׁבִיעִי מִכָּל־מְלַאכְתּוֹ
ג אֲשֶׁר עָשָׂה: וַיְבָרֶךְ אֱלֹהִים אֶת־יוֹם הַשְּׁבִיעִי וַיְקַדֵּשׁ אֹתוֹ כִּי
בוֹ שָׁבַת מִכָּל־מְלַאכְתּוֹ אֲשֶׁר־בָּרָא אֱלֹהִים לַעֲשׂוֹת:

שני ב ד אֵלֶּה תוֹלְדוֹת הַשָּׁמַיִם וְהָאָרֶץ בְּהִבָּרְאָם בְּיוֹם עֲשׂוֹת יְהוָה
ה אֱלֹהִים אֶרֶץ וְשָׁמָיִם: וְכֹל ׀ שִׂיחַ הַשָּׂדֶה טֶרֶם יִהְיֶה בָאָרֶץ וְכָל־
עֵשֶׂב הַשָּׂדֶה טֶרֶם יִצְמָח כִּי לֹא הִמְטִיר יְהוָה אֱלֹהִים עַל־הָאָרֶץ
ו וְאָדָם אַיִן לַעֲבֹד אֶת־הָאֲדָמָה: וְאֵד יַעֲלֶה מִן־הָאָרֶץ וְהִשְׁקָה

ב

בראשית

א בְּרֵאשִׁית בָּרָא אֱלֹהִים אֵת הַשָּׁמַיִם וְאֵת הָאָרֶץ: וְהָאָרֶץ א
הָיְתָה תֹהוּ וָבֹהוּ וְחֹשֶׁךְ עַל־פְּנֵי תְהוֹם וְרוּחַ אֱלֹהִים מְרַחֶפֶת
עַל־פְּנֵי הַמָּיִם: וַיֹּאמֶר אֱלֹהִים יְהִי־אוֹר וַיְהִי־אוֹר: וַיַּרְא אֱלֹהִים ג
אֶת־הָאוֹר כִּי־טוֹב וַיַּבְדֵּל אֱלֹהִים בֵּין הָאוֹר וּבֵין הַחֹשֶׁךְ: וַיִּקְרָא ה
אֱלֹהִים לָאוֹר יוֹם וְלַחֹשֶׁךְ קָרָא לָיְלָה וַיְהִי־עֶרֶב וַיְהִי־בֹקֶר יוֹם
אֶחָד:

וַיֹּאמֶר אֱלֹהִים יְהִי רָקִיעַ בְּתוֹךְ הַמָּיִם וִיהִי מַבְדִּיל בֵּין מַיִם ו
לָמָיִם: וַיַּעַשׂ אֱלֹהִים אֶת־הָרָקִיעַ וַיַּבְדֵּל בֵּין הַמַּיִם אֲשֶׁר ז
מִתַּחַת לָרָקִיעַ וּבֵין הַמַּיִם אֲשֶׁר מֵעַל לָרָקִיעַ וַיְהִי־כֵן: וַיִּקְרָא ח
אֱלֹהִים לָרָקִיעַ שָׁמָיִם וַיְהִי־עֶרֶב וַיְהִי־בֹקֶר יוֹם שֵׁנִי:

וַיֹּאמֶר אֱלֹהִים יִקָּווּ הַמַּיִם מִתַּחַת הַשָּׁמַיִם אֶל־מָקוֹם אֶחָד ט
וְתֵרָאֶה הַיַּבָּשָׁה וַיְהִי־כֵן: וַיִּקְרָא אֱלֹהִים לַיַּבָּשָׁה אֶרֶץ וּלְמִקְוֵה י
הַמַּיִם קָרָא יַמִּים וַיַּרְא אֱלֹהִים כִּי־טוֹב: וַיֹּאמֶר אֱלֹהִים תַּדְשֵׁא יא
הָאָרֶץ דֶּשֶׁא עֵשֶׂב מַזְרִיעַ זֶרַע עֵץ פְּרִי עֹשֶׂה פְּרִי לְמִינוֹ אֲשֶׁר
זַרְעוֹ־בוֹ עַל־הָאָרֶץ וַיְהִי־כֵן: וַתּוֹצֵא הָאָרֶץ דֶּשֶׁא עֵשֶׂב מַזְרִיעַ יב
זֶרַע לְמִינֵהוּ וְעֵץ עֹשֶׂה־פְּרִי אֲשֶׁר זַרְעוֹ־בוֹ לְמִינֵהוּ וַיַּרְא אֱלֹהִים
כִּי־טוֹב: וַיְהִי־עֶרֶב וַיְהִי־בֹקֶר יוֹם שְׁלִישִׁי: יג

וַיֹּאמֶר אֱלֹהִים יְהִי מְאֹרֹת בִּרְקִיעַ הַשָּׁמַיִם לְהַבְדִּיל בֵּין הַיּוֹם יד
וּבֵין הַלָּיְלָה וְהָיוּ לְאֹתֹת וּלְמוֹעֲדִים וּלְיָמִים וְשָׁנִים: וְהָיוּ טו
לִמְאוֹרֹת בִּרְקִיעַ הַשָּׁמַיִם לְהָאִיר עַל־הָאָרֶץ וַיְהִי־כֵן: וַיַּעַשׂ טז
אֱלֹהִים אֶת־שְׁנֵי הַמְּאֹרֹת הַגְּדֹלִים אֶת־הַמָּאוֹר הַגָּדֹל לְמֶמְשֶׁלֶת
הַיּוֹם וְאֶת־הַמָּאוֹר הַקָּטֹן לְמֶמְשֶׁלֶת הַלַּיְלָה וְאֵת הַכּוֹכָבִים:
וַיִּתֵּן אֹתָם אֱלֹהִים בִּרְקִיעַ הַשָּׁמָיִם לְהָאִיר עַל־הָאָרֶץ: וְלִמְשֹׁל יז
בַּיּוֹם וּבַלַּיְלָה וּלֲהַבְדִּיל בֵּין הָאוֹר וּבֵין הַחֹשֶׁךְ וַיַּרְא אֱלֹהִים
כִּי־טוֹב: וַיְהִי־עֶרֶב וַיְהִי־בֹקֶר יוֹם רְבִיעִי: יט

וַיֹּאמֶר אֱלֹהִים יִשְׁרְצוּ הַמַּיִם שֶׁרֶץ נֶפֶשׁ חַיָּה וְעוֹף יְעוֹפֵף עַל־ כ
הָאָרֶץ עַל־פְּנֵי רְקִיעַ הַשָּׁמָיִם: וַיִּבְרָא אֱלֹהִים אֶת־הַתַּנִּינִם כא

א

JÓ: A DIALÉTICA DE DEUS*

Composto no século V antes da nossa era por um autor que, na expressão do historiador Jean Bottero, especialista em religiões semíticas antigas, "não foi apenas um poeta extraordinário, mas também um pensador religioso de primeira grandeza"[1], o *Livro de Jó (Sêfer Ha-'Iyov)*, atribuído a Moisés pela tradição hebraica, tem parecido a alguns estudiosos modernos "desarmonioso" ao extremo na construção de seu principal protagonista – a personagem-título, Jó. Por essa razão se justificaria a hipótese de que esse Jó paradoxal teria resultado da "fusão de

---

* Este ensaio foi apresentado, sob forma de conferência, ao II Congresso da ABRALIC, realizado na Universidade Federal de Minas Gerais, 8-10 de agosto de 1990. A "transcriação" do Cap. XXXVIII do *Livro de Jó*, que o acompanha, foi originalmente estampada na revista *Shalom*, nº 288, março de 1991.

1. Jean Bottero, "Le message universel de la Bible", *Naissance de Dieu (La Bible et l'Historien)*, Paris, Gallimard, 1986. Segundo André Chouraqui, em *La Bible: Iyov*, o *Livro de Jó* remontaria "à Idade de Ouro da criação poética de Israel, provavelmente à época do primeiro Templo". Martin Buber, *On the Bible*, New York, Schocken Books, 1968 (1982), escreve: "Não posso atribuir este livro – que, à evidência, evoluiu lentamente até a presente forma –, a uma época mais tardia (ou mais antiga) do que o inicio do Exílio, pelo menos no que concerne ao seu núcleo fundamental". E acrescenta: "O livro, a despeito de sua acabada retórica – fruto de um processo literário longamente elaborado –, é um desses eventos especiais na literatura universal, em que nos é dado assistir ao primeiro revestimento, em forma de linguagem, de um dado questionamento humano".

duas (outras) personagens: 'Jó, o paciente', herói do relato em prosa (moldura do livro); 'Jó, o impaciente', figura central do diálogo poético que no livro transcorre"[2]; desse segundo Jó, aquele que na verdade mais nos fascina, já foi dito que era movido pela *"hybris* da virtude"[3].

A constatação da "desarmonia" em poemas estranhos à tradição greco-latina tem sido fruto, muitas vezes, de uma vontade logicizante "cartesiana", "logocêntrica", empenhada em encontrar as características de "univocidade" e "continuidade linear" em textos (como os da literatura bíblica) que escapam ao padrão mental ocidental. Alvo de crítica análoga tem sido outra obra culminante, esta da chamada "poesia sapiencial", o *Eclesiastes,* aliás, *Sêfer Ha-Qohélet (Livro d'O-Que-Sabe),* escrita no século III antes da nossa era, por um autor também anônimo, que fala através da *persona* do Rei Salomão; o *Qohélet,* refira-se, foi influenciado pelo *Livro de Jó.*

Duas refutações à tese de que o *Livro de Jó* ("o primeiro romance metafísico da literatura universal", como quer André Chouraqui[4]) careceria de harmonia e coerência – refutações complementares por suas conclusões – podem ser trazidas aqui à colação. A de Martin Buber, filósofo e tradutor da Bíblia para o alemão, que ressalta o caráter *dialógico* e *dialético* desse, antes do que romance, poema ontológico; a de Robert Alter, professor de hebraico e de literatura comparada da Universidade da Califórnia (Berkeley), que mostra, com recursos de uma fina análise estilística, de que maneira as partes em prosa, que emolduram o texto principal, estão com ele entrosadas (não se trataria da incorporação pura e simples de uma velha lenda popular, mas, sim, de "uma velha tradição engenhosamente reelaborada pelo poeta num estilo conscientemente arcaizante"); que demonstra, ainda, como os capítulos que teriam sido posteriormente interpolados por um segundo poeta ou por um editor do texto (o "Hino da Sabedoria", Cap. XXVIII, e as falas de Elihú, Caps.

---

2. Moshe Greenberg, "Job", em R. Alter & F. Keimode, *The Literary Guide to the Bible,* Cambridge, Mass., The Belknap Press of Harvard University Press, 1987.

3. Samuel Terrien, *Job* (Commentaire de l'Ancien Testament, XIII), Neuchâtel, Suisse, Delachaux & Niestlé, 1963: "Em todos os seus discursos, Jó mantém sempre a certeza na justiça de sua posição, *e o* poeta, apesar da acuidade com que percebe a arrogância e mesmo a *hybris da* virtude, jamais deixa de lado a simpatia por seu herói. E que, sem dúvida, sabia que esse orgulho tinha sido em parte provocado, e de qualquer modo intensificado, pelas torturas físicas e mentais às quais Jó tinha sido submetido".

4. Op. cit.

XXXII-XXXVII), o foram de modo a se entretecer habilmente no livro, mediante um jogo antecipatório de remissões – um jogo intertextual –só explicável pela atenção acurada desse poeta posterior (no caso da fala de Elihú) ou desse presumível editor (caso do "Hino à Ciência") à "função culminante" que nele desempenha a resposta de Deus no meio da tormenta (Caps. XXXVIII-XLI), clímax da obra[5].

Buber refere-se ao texto, no que tem de fundamental, em termos de "composição dialógica" (*dialogische Komposition*), enfatizando que se trata de um "dialogismo especial", atravessado por um "processo dialético". Por um lado, assinala a "dialética forense" com que Jó conduz o seu apelo ao Juízo de Deus para a obtenção de uma explicação, do *porquê* de estar sendo punido sem ter uma culpa prévia, sem ter transgredido a lei divina, sem ter pecado, sem qualquer razão. O termo hebraico chave, nessa conexão, é *hinnam,* em função adverbial, com o sentido de "gratuitamente", "em vão", "debalde" *(DO)*[6]. Confira-se *Jó,* I, 9: "Então respondeu Satanás a Jeová, e disse: Porventura teme Jó a Deus debalde?" (FER); "Satanás, respondendo, disse: Acaso Jó teme debalde a Deus?" (APF); "Torna Satã: Debalde o temor santo / Desprende a força, que o teu servo abala?" (EL). Ou ainda, *Jó,* IX, 17: "Por que me quebranta com tempestade: e multiplica minhas chagas sem causa" (FER); em hebraico está: *vehirbbá fetz'ay hinnam* / "e multiplica minhas feridas gratuitamente"; "Por que me desfará com um redemoinho, e multiplicará as minhas feridas ainda sem causa" (APF); "Que homem há, que inda mesmo deprecando, / Não possa Deus num vórtice esmagá-lo? / Da carne a podridão multiplicando / No meu corpo, talvez de mim se arrede, / Os meus lívidos ossos esmagando" (EL). No caso desta última citação, antes do que uma tradução, uma paráfrase extensiva do original, a gratuidade fica implícita no caráter subitâneo do vórtice

---

5. Martin Buber, op. cit. na nota 1. De Buber, pode-se consultar ainda o Cap. III, "Zur Verdeutschung des Buches Ijob", do folheto *Zur Verdeutschung des letzten Bandes der Schrift,* que acompanha o volume *Die Schriftwerke* verdeutscht von Martin Buber, Heidelberg, Verlag Lambert Schneider, 1980. Robert Alter, "Truth and Poetry in the Book of Job", *The Art of Biblical Poetry,* New York, Basic Books, Inc., Publishers, 1985. Ver, também, o Cap. III, "Structures of Intensification", do mesmo livro, onde Alter mostra como, através do uso "externamente brilhante de um sistema de intensificações poéticas", o poeta – passando do prólogo em prosa para o poema propriamente dito – é capaz de captar a plenitude emocional e as implicações morais do terrível destino de Jó.
6. Ver a explicação das abreviaturas usadas no texto, supra, p. 72-73.

esmagador de Deus, de um Deus que se afasta – "arreda-se" do homem, no momento mesmo em que sua mão cai sobre ele. Por outro lado, essa dialética, que é "levada ao extremo no espaço entre Deus e o homem", acabaria, na leitura buberiana, por se perfazer numa *Aufhebung*. Não por acaso ocorre aqui o termo-chave da dialética de Hegel, traduzível imperfeitamente por "superação", mas que significa simultaneamente "abolir" e "suspender conservando", como que a indiciar, na oposição, a estrutura fundamental da lógica e do mundo. Buber, sabemos, é o filósofo de *Eu e Tu* e *Do Diálogo e do Dialógico,* um pensador que influenciou Mikhail Bakhtin[7]. Em sua linha de entendimento, a resposta de Deus a Jó (a partir do Cap. XXXVIII) não implica um provimento à sua apelação, ao recurso que o justo, gratuitamente punido, interpõe perante o Juiz Supremo, no sentido de lhe ser restituído o direito a um julgamento regular (XXVII, 2, FER: "Vive Deus, que me tirou meu direito"; APF: "Vive Deus, que desviou a minha causa"; EL: "... O Onipotente / A causa de meus males desviando, / Bem sabe, porque a tudo está presente, / Quem me arrasta a um excesso de amargura"; XXXIV, 5, FER: "Porque Jó disse, sou justo: e Deus tirou meu direito"; APF: "Porque Jó disse: Eu sou justo, e Deus transtornou a minha causa"; EL: "Disse Jó: Eu sou justo, e mal julgada / Foi a minha sentença; em dois extremos / Peca o juízo; a sentença transtornada / Foi por Deus; a mentira é dissonante" (a esta última citação, acrescentei o v. 6; em *RAB,* ambos se leem: "Car Job a dit: 'Je suis innocent, et Dieu m'a refusé justice. En dépit de mon bon droit, je passe pour menteur, cruel est le coup qui m'a frappé, sans que j'aie failli!'"). Ao invés de prover a apelação de Jó e promover-lhe um julgamento regular onde sua inocência seria evidenciada (e a sentença punitiva consequentemente anulada, através desse processo revisional, já que Deus é justo por definição), o Supremo Juiz deixa indecidível a questão do *direito* ou do *não direito.* Passa a ser impertinente a disjunção. Fica "suspensa"

---

7. Tzvetan Todorov, *Mikhail Bakhtine / Le príncipe dialogique,* Paris, Seuil, 1981. Segundo Todorov, Bakhtin conhecia a obra de Buber e mesmo cita o filósofo do "Princípio dialógico" em seu ensaio "Formas do Tempo e do Cronotopo no Romance" (escrito em 1937-38, publicado em 1975; cf. M. Bakhtin, *The Dialogical Imagination,* Texas and London, University of Texas Press, 1981). Katerina Clark e Michael Holquist, em *Mikhail Bakhtin,* Cambridge, Mass., The Belknap Press of Harvard University Press, 1984, informam que Bakhtin tomou conhecimento da obra de Buber bastante jovem, ainda antes de matricular-se na Universidade de Odessa.

(mantida/abolida) através do *ver,* ou seja, da *revelação epifânica* do Deus que vem presencialmente responder a seu servo –um servo que antes soubera dele apenas pelo "ouvido", por via auditiva (XLII, 5, FER: "Com o ouvido das orelhas te ouvi: mas agora meus olhos te veem"; APF: "Eu te vi por ouvido de orelha, mas agora te vê o meu olho"; EL: "Eu te ouvi simplesmente, é mais sublime" (ou seja, implicitamente, "o ato de ver é mais sublime").

De fato, no Cap. XXXVIII e seguintes, Deus vem ao encontro de Jó sem mediações, por imediata presentação, e lhe responde, falando do seio da tormenta, não por uma contestação específica, mas por aquilo que, em direito, se chamaria contestação por *negação geral;* ou seja, pela proclamação do "mistério de uma criação" diante da qual, na expressão de Buber, *kein Recht waltet* ("nenhum direito prevalece"), senão o próprio "mistério criador" *(Schöpfergeheimnis).* Diante da maravilha do mistério, manifesta na presença visível do *Deus Interlocutor,* do *Deus que responde pessoalmente,* Jó retira sua apelação, sentindo-se como que saciado, plenamente reparado pelo privilégio que assim lhe é concedido de presenciar o insondável de um mistério que lhe excede a capacidade de compreensão. "A felicidade de Jó consistia numa irradiação *(Ausstrahlung)* da presença próxima de Deus", prossegue Buber. Agora que lhe é restituída, e de forma ineludível, essa vizinhança com a divindade (que, nos dias de sua juventude, pairava-lhe enigmaticamente sobre a tenda, cf. XXIX, 4, FER: "Como era nos dias de minha mocidade: quando o segredo de Deus estava sobre minha tenda"; APF: "Como fui nos dias da minha mocidade, quando Deus habitava secretamente em minha casa?"; EL: "Quando Deus n'outro tempo me guiava / Co'a luz, que sobre mim resplandecera"); agora que Deus lhe redoava o presente de sua presença, manifestando-lhe, por uma resposta pessoal, personalizada, *ad personam,* toda a glória da criação; agora que Jó podia *vê-LO,* que o acordo se restabelecia na presença visível do Criador, o reclamante "já não necessitava de nenhum desvendamento do mistério *(Entgeheimnissung)".* Não importava sequer que o sofrimento ainda perdurasse e que Jó permanecesse "no pó e na cinza" (XLII, 6; a reparação viria a seguir, no fecho da moldura em prosa, v. 7-17). "O homem" – conclui Buber – "pode viver em face e à vista *(im Angesichf)* do mistério não decifrável *(nicht zu enträtselnden)".* A contiguidade participativa foi restabelecida: o inassimilável assimila.

Do ponto de vista de uma semiótica peirceana e bensiana, é como se o desfecho do litígio jurídico-silogístico não se desse no nível racional da "terceiridade", em termos de um *legi-signo,* de um "argumento simbólico" traduzido numa "figura de conclusão" (Bense), num juízo conclusivo de revogação da sentença injusta, face à procedência das razões da apelação; antes, é como se a retirada do apelo interposto pelo réu inocente decorresse do fato de a este ter sido dada não uma reparação pontual, específica, sob a forma de uma decisão revocatória da sentença infundada, mas, sim, uma reparação plenária, no plano da "primeiridade", do *quali-signo;* uma reparação consideravelmente mais ampla, através do acesso imediato, por meio de algo como uma *abdução,* uma iluminação *icônica,* ao cerne mesmo daquilo que está para além de toda concepção ético-humana de justiça retributiva: a contemplação do próprio esplendor da face divina em sua obra criativa. Nesse vórtice assombroso, o réu gratuito, por sua vez gratuitamente agraciado numa derradeira instância, se abisma, rendido à evidência do ver. Retórica persuasiva de maravilhamento, conduzida por um Deus barroco? No "discurso engenhoso", tal como o praticado, por exemplo, por Antônio Vieira, não prevalece a ordem do raciocínio que culmina no juízo; antes, as palavras, como seres autônomos, se deixam conjugar musicalmente, geometricamente; mas essa "alquimia verbal", por sua vez, é um meio (icônico) "para persuadir o ouvinte de uma verdade ou para constrangê-lo a uma ação"[8]. Confira-se: XLII, 6, FER: "Pelo que me abomino, e arrependo-me em pó e cinza"; APF: "Por isso me repreendo a mim mesmo, e faço penitência no pó e na cinza"; MB: "Drum verwerfe ich und es gereut mich / hier in dem Staub und der Asche"; AC: "Sur quoi je me rétracte et me conforte / sur la poussière et la cendre". Ou, na pregnante paráfrase decassilábica de EL, prenunciadora da dicção de Sousândrade: "Confundiste o meu nada; reduzido / À cinza e pó, que sou, mereço a morte; / Fui néscio em me queixar, fui atrevido". Em hebraico, está: "sobre o pó e a cinza" / *al-afar vaêfer;* através dessa fórmula semântico-sonora, o último versículo (XLII, 6), antes do epílogo-moldura (XLII, *7 et sq.),* se deixa reverter ao v. 8 do Cap. II do "Prólogo", que nos pinta um Jó atormentado e

---

8. Antonio J. Saraiva, *O Discurso Engenhoso,* São Paulo, Perspectiva, 1980.

coberto de chagas, após a investida de Satã, um Jó solitário, sentado "no meio da cinza" *(betokh-haêfer)*.

Aqui, se nos transportarmos do mundo hebraico-bíblico para o cristão-medieval, seria possível introduzir um paralelo dantesco. Na teofania assistida por Jó, na *Aufhebung*, que resolve-sem-resolver a dialética jurídica do pleito por justiça, conduzida através da dialogia do *eu-finito* (homem) com o *Tu-Absoluto* (Deus)[9]; nessa oximoresca sublimação icônica, Jó, o reclamante injustiçado, deixa-se ensimesmar na visão da presença divina, e se dá por satisfeito, para além do seu pleito, cumulado pelo excesso da graça reparatória. Assim, no final do *Paradiso,* Dante tem como que uma antevisão, um vislumbre da visão beatífica, e nela se deixa transluminar:

> O luce etterna che sola in te sidi,
> sola t'intendi, e da te intelletta
> e intendente te ami e arridi!
>
> se non che la mia mente fu percossa
> da un fulgore in che sua voglia venne.
>
> Ó lume eterno, a sós em ti sediado,
> só te entendendo e de ti intelecto,
> e no entender-te amante deleitado!
>
> a mente então de súbito saciada
> transluminou-se num fulgor de brasa.

Segundo os comentadores, por *fulgore* se deve entender aqui "o fulgor da Graça", que "descobre para Dante o mistério supremamente arcano"; *venne,* por sua vez, procede de *venire,* sugerindo a ideia de "total satisfação"; pode também significar: "se apresentou à minha vista, claro, naquele *fulgor,* o objeto do meu ardor intelectivo" (solução "suprarracional do mistério")[10].

9. Newton Aquiles von Zuben, tradutor e introdutor de *Eu e Tu,* São Paulo, Cortez & Moraes, 1979, escreveu para o leitor brasileiro uma excelente exposição do pensamento buberiano, com ênfase na "ontologia da relação" e na "antropologia do inter-humano". De M. Buber, consultar ainda *Do Diálogo e do Dialógico*, São Paulo, Perspectiva, 1982.
10. Ver os comentários incluídos, por exemplo, nas seguintes edições dantescas: *La Divina Commedia,* testo critico delia Società Dantesca Italiana, riveduto, col commento Scartazziniano, rifatto da Giuseppe Vandelli, Milano, Ulrico Hoepli, 1951; *La Divina Commedia (III – Paradiso),* commento a cura di Daniele Mattalia, Milano, Biblioteca Universale Rizzoli,

É tarefa essencial, para o "transcriador" da poesia bíblica, a observância das "rimas semânticas" que interpontuam o texto do *Livro de Jó*, não como rimas terminais (sonoras), de fim de verso, em nosso sistema de versificação, mas como apelos migratórios que vão de capítulo a capítulo, remetendo um versículo posterior a outro, que o prepara ou antecipa. Uma palavra-guia *(Leitwort*, Buber), às vezes uma frase, tematizada, conduz o jogo estrutural. Assim, o Cap. III dá curso ao grande lamento niilista de Jó, que maldiz o dia de seu nascimento e refuga a luz sob a qual sofre, sem culpa formada, padecimentos desmesurados. É uma explosão de ânsia pelo nada, pela paz intrauterina do natimorto (algo semelhante ocorrerá posteriormente no *Qohelet,* IV, 2-3; VI, 3-4). Esse Cap. Ill, quase que palavra a palavra, é retomado e glosado na resposta de Deus do seio da tormenta (Caps. XXXVIII a XLI)[11]. Assistimos a uma "defesa e ilustração" da Criação pelo próprio Criador, que reverte dialeticamente a negação trevosa de Jó em afirmação luminosa da magnificência da obra divina. A palavra-guia é *hôshekh,* "treva" (III, 4: *hayyom hahu' yehi-hôshekh* / "O dia esse seja treva"); *RAB:* "Que ce jour ne soit que ténèbres"; AC: "Ce jour, qu'il soit ténèbre"). Repare-se, agora, no Cap. XXXVIII, 2, a retomada da palavra-tema, sob forma de verbo: *mi zé mahshikh 'etzâ/* "Quem é esse que escurece (entenebrece) o desígnio"; AC: "Qui est-il, celui qui enténèbre le conseil?" Robert Alter escreve: "Na estrutura e na asserção temática, os Caps. XXXVII-I-XLI são um grande movimento de diástole, respondendo ao movimento de sístole do Cap. III. A poética do sofrimento no Cap. III procura contrair o mundo inteiro num ponto de extinção, gerando uma cadeia de imagens de enclausuramento e constrição. A poética da visão

---

1960. Em minha transcriação dos últimos dois versos citados, cunhei o verbo "translurninar" ("transluminou-se") para manter a força da linguagem dantesca neste passo, valendo-me do paradigma oferecido pelo próprio poeta, que cunhou, por exemplo, *trasumanare* ("transcender os limites da natureza humana, acercando-se da divina e associando-se a ela"; *Par.,* I, 70); *trasvolare* ("voar velocissimamente", "transpassar voando"; *Par.,* XXXII, 90); *trascolorare* ("mudar de cor"; *Par.,* XXVII, 19, 21); *trasmodare* ("exceder", "ultrapassar a norma, os limites"; *Par.,* XXX, 19); cf. G. A. Scartazzini, *Enciclopédia Dantesca,* vol. II, Milano, Ulrico Hoepli, 1899.

11. Para o leitor moderno, a voz que fala do seio da tormenta *(min hass'ará)* faz lembrar o final ("What the thunder said" / "O que disse o trovão") do poema *The Waste Land,* de T. S, Eliot. No poema eliotiano, porém, a "fala do trovão" deriva do pensamento filosófico hindu, da fórmula conclusiva de um *Upanishad* védico: "Shantih shantih shantih", significando "a paz que ultrapassa o entendimento".

providencial na fala do seio da tormenta convoca um horizonte de expansão após o outro, cada um deles povoado com uma nova forma de vida". De fato, vai-se da cosmogonia à meteorologia; desta à zoologia – leão, corvo, cabrito montes, gazela, onagro, boi selvagem, o corcel de guerra, a águia; à zoologia fantástica, finalmente: os monstros *Behemoth* e Leviatã, hipérboles do hipopótamo e do crocodilo, o primeiro também uma "super-ou-pluribesta", já que etimologicamente a palavra é um plural ou coletivo de *behêmá*, "animal". A descrição da imponência ao mesmo tempo bela e aterradora do cosmo, mas sobretudo a do mundo natural, sujeito à lei da morte e do renascimento, como mostra Robert Alter, se não é propriamente uma "resposta direta" ao questionamento de Jó quanto à justiça, confronta-o com a visão da criação "como uma ordem harmoniosa à qual a violência é, não obstante, inerente", fazendo com que Jó tome consciência dos "limites de sua imaginação moral". Nesse mundo darwiniano, os filhotes do leão e da águia sobrevivem à custa de presas caçadas e abatidas. No plano da transposição fantástica, da hiperbólica *amplificatio, Behemoth,* monstro fálico, cujo pênis *(zanav,* metáfora da potência genésica divina)[12] pode desempenar-se como um cedro do Líbano, qual uma catapulta tensionada pela poderosa rede de nervos dos seus testículos, assoma, formidando. Por seu turno, *Leviatã* (palavra que procede de *livid,* no sentido de "ter flexibilidade"; *belva tortuosa,* "monstro tortuoso", na definição do *LEX)* exsurge, incomparável em sua força e indestrutível às armas que o ameacem, com sua mirada altaneira, "rei sobre todas as bestas-feras arrogantes", XLI, 26. No mundo, da ordem cósmica à ordem da natureza, não prevalece o ponto de vista humano. Ou como diz Robert Alter: "Longe de estar no seu centro, o homem está presente apenas por implicação, periférico e impotente, nessa trama de forças que não se deixam sondar e de bestas indomáveis". Enquanto que, no *Gênese (Bere'shith),* o homem é apresentado no seu momento aurorai

---

12. No vers, *yahppotz znavó khmo-'árez/* "seu pênis se eleva como um cedro", costuma-se traduzir eufemisticamente *znav* por "cauda" (por exemplo, *BJ:* "... ergue seu rabo como um cedro"). No *DO,* a palavra significa tanto "cauda" como "cepo", "toco" *(stump);* já o verbo *zná* tem a acepção de "fornicar". Tanto em francês *(queue),* como em inglês *(tait),* o equivalente de "cauda" tem, em gíria, a acepção de "membro viril". S. Terrien (op. cit. na nota 3) observa, comentando os versículos relativos a *Behemoth* (XL, 15-18): "A descrição insiste sobre a potência do monstro, em particular sobre seu vigor sexual". "His penis stiffens like a pine", traduz SM.

de glória, dominando sobre os animais da terra, os peixes do mar, as aves do céu, criado à imagem e semelhança de Deus (I, 26-28); enquanto no *Qohélet* a criatura humana é confrontada com sua finitude radical, posta diante da morte e forçada a admitir que o homem, os homens: "não são mais que animais ademais não mais (*shehem-behêmá hêma lahém*, III, 18); aqui, o homem (Jó) é levado a perceber que é uma criatura – simples e frágil criatura – entre outros seres criados, e que seu ângulo de visada não dá conta das leis que engendram a espantosa harmonia do cosmo e que governam o mundo predatório e conflitivo, mas sempre renovado e ressurgente da natureza, sobre cujas forças desencadeadas só Deus, no limite, pode ter controle (a começar pela verificação de que muitos dos seres criados superam em força física o poderio humano).

Da maneira como está estruturado, vários diálogos e várias vozes se entrecruzam no *Livro de Jó*.

Desde logo, no "Prólogo" (que inspirou o "Prólogo no Céu" do *Fausto* de Goethe), trava-se um diálogo entre Deus e Satã (nome que deve ser entendido no seu sentido hebraico de "oponente", "adversário")[13]. Satã açode à presença divina em meio aos "filhos de Deus *(bnê ha-'Elohim*, "anjos", I, 6; II, 1). Lança então sobre Jó, aquele homem em quem Deus reconhece o mais fiel de seus servidores, a suspeita de que o frêmito, o temor *(yarê'* I, 9) de Jó por Elohim não seria gratuito *(hinnam),* desinteressado, mas resultaria dos dons com que Deus magnanimamente o aquinhoara *(yarê'* "frêmito", um temor que implica amor, é também uma palavra-chave no *Qohélet).* Deus, defendendo a questionada gratuidade do amor/temor de Jó, permite ao Adversário que submeta o seu servo predileto a uma prova, que o tente. Dessa permissão divina resultarão os terríveis males que se abaterão sobre o fiel e inocente Jó (morte de seus dez filhos, perecimento de seus bens, chagas de lepra a lhe devastarem o corpo, I, 13-19). Sem jamais negar o Senhor (I, 22), sem *desdizer* dele (II, 10), Jó no entanto, inconformado, reclama uma explicação do Todo-Poderoso quanto à causa dessa puni-

---

13. No *LEX, satã* significa *adversarius, accusator.* No *DO,* que registra uma possível origem árabe, com o sentido de "estar afastado da verdade ou da misericórdia de Deus", encontramos a mesma acepção de "adversário", com a especificação de que, em Jó, em várias passagens dos Caps. I e II, trata-se de um "adversário sobre-humano", designação de um dos "filhos de Deus" *(bnê ha'elohim).*

ção que lhe parece arbitrária, já que nada fez que o incrimine perante a lei divina.

É então que se interpõem as vozes de outros interlocutores. Ao todo, como explana Buber, são quatro os pontos de vista sobre a relação de Deus com os sofrimentos humanos. O ponto de vista do "Prólogo", extraído da lenda popular que lhe serviu de fonte, é o da tentação consentida por Deus e levada a cabo por um Adversário, que age por delegação divina[14]. O segundo ponto de vista (ou a segunda voz interlocutora) é a que exprime a visão dos amigos (Elifaz, Bilddad e Tzofar): o humano, contra Elohá, tem ele razão? (FER: "Seria porventura o homem mais justo que Deus?"; cf. IV, 17). Trata-se da concepção doutrinária tradicional, centrada na "retribuição": a punição corresponde sempre a um crime cometido. Os sofrimentos de Jó estão a indicar que ele é culpado e que deve arrepender-se para que suas penas sejam aliviadas. Essa visão dogmática é radicalizada na fala de Elihú (nome que significa: "Ele é meu Deus"), um novo interlocutor ainda mais sectário, um jovem colérico que pretende assumir o papel de advogado de Deus[15]. Contra ela, Jó reage, com base na sua experiência pessoal de vida e não numa concepção abstratamente normativa e petrificada da lei, alegando que é inocente e está sendo punido "gratuitamente" (IX, 17).

---

14. Satã, no "Prólogo", se apresenta como funcionário da "polícia divina"; Giuliano Laurentini, comentando o *Livro de Jó* em *Introdução à Bíblia*, III, 2, Petrópolis, Vozes, 1985; o autor faz remissão a A. Lods, estudioso das "origens de Satã" e de suas "funções na Corte Celeste".

15. XXXII, 2: "Então inflamou-se a cólera de Elihú..." *(BJ);* "Mais la narine d'Elihou...brûle contre Iyov" (AC); "Nun aber entflanunte der Zom Elihus". No texto hebraico, a palavra traduzida por "cólera" é ‹*af*, que, literalmente, significa "narina"; o verbo que significa "inflamar" é *hard*. Trata-se, à evidência, de urna metáfora lexicalizada: "narina flamejante", dando ideia de "cólera", por uma abreviação metonímica: *media pars faciei hominis* (et, cum anthropomorphismo, *Dei) irati* (velut *inflammata), LEX*. A mesma palavra é utilizada para expressar a "ira de Deus" (em XLII, 7) contra Elifaz e seus amigos, por não terem falado dele com a mesma retidão de Jó. No caso do "exfremista" Elihú, sua cólera contra Jó nasce do fato de este haver afirmado que sua "alma" era justa "mais do que Deus" ou "contra Deus" *(mêelohim);* ou seja: *'al-tzaddqó nafshô mêelohim*, versículo que a *BJ* traduz por "ter razão contra Deus"; o sentido original empalidece na versão do *Rabinato (RAB):* "...affirmer son innocence devant Dieu". Terrien (op. cit. na nota 3) comenta: "A ideia da condenação de Deus por um homem era tão escandalosa para a piedade judaica da época baixa, que até mesmo as palavras não podiam ser escritas" (a propósito das "correções" com que os escribas procuraram atenuar a passagem).

O terceiro ponto de vista é, pois, o desse Jó, cuja indignação *(ká 'as,* irritação mesclada de vexame) e cuja infelicidade pesam mais que as areias do mar (VI, 2-3). Um Jó inconformado, que protesta por sua inocência, embora jamais "amaldiçoe" o Criador pelas injustiças que sofre (ao contrário: *yehú shem YHWH mvorakh* / "Seja o nome de YHWH abençoado", exclama Jó em I, 21). Em hebraico, a acepção de "maldizer" nasce de um uso especial da expressão "bem-dizer" *(bêrêkh),* uso que envolve a ideia de "desdizer", "renunciar", "abjurar de", como numa fórmula de saudação, de alguém que se despede, afastando-se de outrem *(barêkh 'elohim va muth* / "amaldiçoa/abençoa/abjura (de) Elohim e morre", II, 9)[16]. Jó não "des-diz"/ "re-nega" (de) seu Criador, mas o questiona, pleiteia dele uma explicação quanto à arbitrariedade ("gratuidade") da punição que lhe é imposta, sem consideração de seus direitos a um julgamento regular. Jó apela veementemente a Deus, requerendo-lhe que ouça suas razões (XIII, 3, 15-18).

O quarto ponto de vista, na exegese de Buber, está representado pela fala de Deus: "um Deus que se oferece a si próprio ao que sofre", à guisa de resposta; que exibe a maravilha da criação como manifestação da justiça divina[17]; que se doa a Jó em caráter "individual" via revelação: "uma resposta ao sofredor individualizado com respeito à questão de seus padecimentos". Uma resposta-presentação que implica, segundo Buber, "uma autolimitação de Deus em relação a uma dada pessoa", pois "o poder absoluto se personaliza em consideração à personalidade humana" (XLII, 5: JÓ VÊ DEUS).

Aqui está, para mim, um ponto extremamente importante. O Deus semítico do *Livro de Jó* é um Deus que responde. É um Deus que se preocupa em dar uma resposta pessoal à sua criatura. Um Deus que, apesar da transcendência absoluta que o distancia do homem, se empenha em persuadi-lo, em convencê-lo pessoalmente do desarrazoado que é pretender medir a magnitude de sua obra criadora pela reduzida craveira humana. Cabe lembrar, neste passo, uma proposição extraída da ontologia buberiana *(Eu e Tu):* "Deu? entra na relação imediata conosco como pessoa absoluta". O entrar em relação conosco de uma

---

16. É a mulher de Jó que o aconselha a "desdizer de Deus", a "renegá-lo".
17. A ideia da "criação como fundação", como "ato de comunicação entre Criador e criatura", está em Buber, *On the Bible,* op. cit. na nota 1: "O Criador justo dá a todas as Suas criaturas Seu limite, a fim de que cada uma possa tornar-se plenamente ela própria".

"pessoa absoluta" parece paradoxal, já que relacionar-se também significa relativizar-se ("Não pertence à essência da pessoa o fato de sua individualidade, embora existindo em si, ser relativizada na totalidade do Ser pela pluralidade de outras individualidades?"). Ao paradoxo, replica Buber: "Deus transmite a sua absoluticidade à relação que Ele estabelece com o homem". Esse, talvez, o sentido último que se possa extrair da resposta de Deus a Jó, convencendo-o a substituir o requerimento de decifração do enigma pela convivência maravilhada com esse mesmo enigma, resposta persuasiva longamente desenvolvida pela retórica divina numa réplica que ocupa os quatro capítulos culminantes do *Livro de Jó* (Caps. XXXVIII a XLI, inclusive).

Essa longa resposta divina, minudente em sua dialética – senão de "ilustração", de "deslumbramento" – até o momento de *Aufhebung*, que suspende/abole/conserva a lógica no alumbramento da visão teofânica; que resolve o mistério simbólico-argumentativo do conhecimento no fascínio icônico-abdutivo da adesão gozosa, marca uma diferença substancial entre a poesia metafísico-dialógica do *Livro de Jó* e a do mundo épico grego. O Deus semítico do poeta-filósofo que redigiu esse *Livro* é um Deus que responde, que se preocupa em dar explicações pessoais de seus atos, ainda que sob a forma translata de um espantoso relatório cosmogônico e de uma relação não menos impressionante das maravilhas da natureza e de seu inexorável ciclo de vida-morte-regeneração. À "indignação" – *ká 'as* –, aos protestos de Jó contra os sofrimentos que lhe são infligidos (VI, 2-3), reação incontida, acalorada pelo vivo sentimento de estar sendo injustiçado (Jó se sente ameaçado e inerme perante a ira de Deus)[18], seguem finalmente as explicações pessoais e personalizadas do Todo-Poderoso.

Na *Ilíada*, a primeira palavra é *ira (mênis)*. É esta "a primeira palavra da literatura ocidental", referem Maria Grazia Ciani e Elisa Avezzu, citando o helenista C. Watkins, e acrescentando: *mênis*, com

---

18. Cf. XIV, 13: "Oxalá me esconderás na sepultura, e me ocultarás até que tua ira se desviasse" (FER); "Quem me dera que tu me encobrisses no sepulcro e me escondesses nele, até ter passado o teu furor" (APF); "que tu me caches jusqu'au reflux de ta narine" (AC). Terrien traz "colère"; G. Laurentini prefere "ira de Deus" (op. cit.): O vocábulo hebraico é ‹af, como na nota 15. A mesma palavra é usada por Elihú em seu discurso (XXXVI, 13), quando verbera os "profanos de coração" *(hanfê-lêv)* – referindo-se desde logo a Jó –, que persistem em sua "cólera", ao invés de aceitar os sofrimentos como sinal da justiça retributiva divina.

álgea ("sofrimento", "dor", "aflição"), são as "palavras-chave da ação iliádica". Trata-se de um sentimento divino e humano, de Apolo como de Aquiles; a ira de ambos provoca eventos funestos para os aqueus. Têm ambas, a ira apolínea e a aquiliana, explicações nada complexas, antes perfeitamente claras para o entendimento lógico. A primeira nasce dos agravos de Agammêmnon a Crises, sacerdote do deus "fle-chicerteiro"; o comandante-em-chefe dos gregos recusa-se a libertar Criseide, sua cativa, filha do sacerdote, desprezando-lhe as súplicas e o esplêndido resgate. A segunda resulta da captura, por Agammêm-non, de Briseide, escrava predileta do herói de "pés-velozes", que o monarca "Olho-de-cão" lhe arrebata para compensar-se da devolução de Criseide a Crises, depois que Aquiles, perante os aqueus reunidos na agora, convocara um augure notável – Calças Testorides – para revelar, através de seus poderes mânticos, as causas da ira de Febo--Apolo, lançada sobre os gregos em forma de flechadas mortíferas como a peste. Aqui reside toda a diferença. Os deuses gregos dispu-tam entre si, protegendo seus heróis prediletos, submetidos, todos, ao arbítrio do Fado, mesmo o primeiro deles, Zeus (cuja *mênis* pelo rapto de Helena é também outro dos móveis da guerra contra Ilion). Não condescende Apoio a baixar do Olimpo para dar explicações dos desígnios divinos, para esclarecê-los, a fim de que os homens possam conduzir-se de modo a não incorrer na ira olímpica. É o que sucede na *Ilíada*, logo no Canto I. Quando Febo-Apolo, ouvindo os rogos de Crises, desce da morada celeste para desagravar seu sacerdote, a pri-meira coisa que faz é sentar-se longe das naus gregas. Da distância, do recôndito, ele despede suas flechas mortíferas que, por nove dias, dizimam animais e homens. Nenhuma explicação dá o Iracundo para sua cólera, que aos aqueus parece um surto de peste, e que atribuem ao descumprimento de algum voto ou à omissão de alguma heca-tombe propiciatória. É o arúspice Calças quem deslinda a oculta razão da ira apolínea, uma razão linearmente previsível para quem aten-tasse ao tratamento injurioso que Agammêmnon dera precedentemente a Crises, sacerdote do deus. O discurso épico, sob esse aspecto, é monológico. Auerbach, em "A Cicatriz de Ulisses", observa que "situações complexas seriam incompreensíveis aos heróis de Homero", enquanto que, na Bíblia, "o sublime, o trágico e o pro-blemático se constituem desde logo no seio da realidade cotidiana, doméstica"[19]. Por isso, atribuindo à lenda, aproveitada como bastidor no *Livro de Jó*, a versão segundo a qual o ocorrido com Jó teria resultado de uma "tentação" de Satã, o Oponente, Buber frisa: "A dialética, nesse relato, é tratada com univocidade épica", enquanto a composição, propriamente dita, é de natureza "dialógica". Satã, depois do "Prólogo", desaparece. E, sem prejuízo de reconhecer o bem travado dos elos formais com que a elaboração poética soube integrar no *Livro* a *naïveté* da antiga legenda, Buber acrescenta, comentando essa simplificação épica do enredo metafísico a seguir desenvolvido: "A história-moldura transmite uma sabedoria que permanece estranha ao próprio Jó e a toda a composição dialógica, ao entender o efeito do mistério no destino de Jó como tentação *(Versuchungy)*".

Numa outra direção, Leslie Fiedler, reportando-se ao *Zohar* e à leitura cabalística do poema de Jó, propõe uma reflexão que não deixa de ser sugestiva, ainda quando se afaste das abstrações filosóficas da ontologia buberiana, para se aproximar, com gesto irônico, da mística judaica, valorizada em nosso tempo por outra grande figura do pensamento hebreu, Gershom Scholem:

Satã, afinal, não existe senão como metáfora para aquilo que pode ser compreendido, quando Deus se revela no seu pleno, como um aspecto, uma projeção, uma emoção daquele Único que, só, é realmente para sempre. Isto também é verdadeiro quanto aos substitutos de Satã, a mulher de Jó e o egrégio Elihú, os quais, a um certo ponto, desaparecem do *Livro,* tendo sido, como o *vêtzer ha-rá'* ("impulso maligno"), assumidos no interior da Unidade Divina[20].

19. Cf. Omero, *L'Ira di Achille (Iliade I), a* cura di Maria Grazia Ciani, Padova, Marsilio Editori, 1988; introdução: "I giorni dell'ira". Ver minha transcriação dos 232 primeiros versos desse Canto I, em especial o início: "A ira *(Mênin),* Deusa, celebra do Peleio Aquiles / O irado desvario (retomada paronomástica de *ulomênen)".* Cf. "Transcriar a Ilíada", São Paulo, *Revista USP,* 12, dez.-fev. 1991-92; no mesmo número, o ensaio de Trajano Vieira, "Homero e Tradição Oral". Erich Auerbach, *Mimésis,* Paris, Gallimard, 1968 (edição original, *Mimesis,* Bern, C. A. Francke AG Verlag, 1946). Note-se que Jó também é alvo das "flechas" *(hitzé)* de Deus (VI, 4), e que *ká 'as* ("irritação"; AC: "colère") e *hawá* (Terrien, "angoisse") são os sentimentos que o protagonista do poema bíblico experimenta (VI, 2).
20. Leslie Fiedler, "Job", em David Rosenberg (ed.) *Congregation (Contemporary Writers Read the Jewish Bible),* San Diego / New York / London, Harcourt Brace Jovanovich, Publishers, 1987. Quanto aos "substitutos de Satã", S. Terrien (op. cit. na nota 3) lembra que Santo Agostinho chamava à mulher de Jó *adjutrix diaboli* ("ajudante do diabo") e a qualificava de "irmã espiritual de Eva"; G. Laurentini (op. cit.) reporta uma observação de Fedrizzi: "O aparecimento da mulher teria só um objetivo funcional: é o esquema da sedutora, como

Fiedler assinala que esse entendimento cabalístico parece encontrar respaldo na própria fala parabólica de YHWH a respeito do *Behemoth* e do Leviatã, criaturas da escuridão que Deus reconhece como obra sua. Mas há algo ainda a dizer. O nome de Jó, etimologicamente, é um outro oxímoro, podendo significar o "hostilizado" (o "Jó paciente"), caso se considere que deriva de uma forma passiva do verbo *'ayab;* ou, ao contrário, o "inimigo", o "agressor", "aquele que hostiliza" (o "Jó impaciente", capaz de litigar com Deus), caso se admita que procede de uma forma verbal ativa, confluente com a raiz ugarítica *'ib* ("adversário")[21]. Eis aí outro complicador para a trama de uma figura e de uma questão que para nós, modernos, evoca desde logo a demanda aflitiva de Kafka. Esta, uma demanda sem causa e igualmente sem resposta, num mundo abandonado pelos deuses do panteon helênico e onde o próprio Deus de Jó, segundo a proclamação radical de certa filosofia "impaciente" (Nietzsche), há muito parece também ter morrido[22].

ABREVIATURA: AC: André Chouraqui, *La Bible: Iyov* (Paris, Desclée de Brouwer, 1974); APF: Antônio Pereira de Figueiredo, *Bíblia Sagrada,* vol. 4, São Paulo, Editora das Américas, 1950; *BJ: A Bíblia de Jerusalém,* São Paulo, Edições Paulinas, 1981; *DO: Dicionário Oxford (A Hebrew and English Lexicon of the Old Testament,* based on the *Lexicon* of William Gesenius), Oxford, Clarendon Press, 1979; EL: José Eloy Ottoni, *O Livro de Job,* Rio de Janeiro, Editora Livraria Leite Ribeiro, 1923 (1ª ed., Rio de Janeiro, Tipografia Brasiliense de F. Manoel Ferreira, 1852); FER: João Ferreira A. d'Almeida, *A Bíblia Sagrada,* New York, Sociedade Americana da Bíblia, 1885; *LEX: Lexicon Hebraicum et Aramaicum Veteris Testamenti,* Roma, edição Francisons Zorell, S.J., Pontificium Institutum Biblicum, 1968 (Reeditio Photomecanica); *MB: Rabinato, La Bible* (édition

Eva, a mulher de Putifar, Dalila, as mulheres de Salomão, e o esquema da contrafigura, como a mulher de Tobit". Jó, resistindo à má conselheira, redargúi: "Falas como uma louca" ("uma das mulheres loucas", *nevaloth,* palavra que significa também "alguém morto", e que AC traduz por "charogne", II, 9-10).

21. Para a etimologia referida, ver G. Laurentini (op. cit.).

22. Segundo J. Bottero (op. cit. na nota 1): "O autor de Jó, um século antes de Platão, e por pura intuição religiosa, chegou a postular, na verdade, uma ordem de coisas divinas absolutamente diferente da humana, e a acercar-se, assim, desta última palavra de toda metafísica e de toda teologia: 'Não tenho necessidade alguma de um Deus que eu compreenda!' "Nesse sentido, só o autor do *Qohélet,* dois ou três séculos mais tarde, já influenciado pelo helenismo, conseguiria chegar mais longe, "estendendo a conclusão quanto ao Mal oriundo do sofrimento ao Mal universal". Um enfoque da questão de Jó, através da recepção de Goethe, Nietzsche e Heidegger, encontra-se em Hans-Robert Jauss, "Job's Questions and their Distant Reply", *Comparative Literature,* vol. 34, nº 3, 1982 (devo a indicação a Silviano Santiago, durante o II Congresso da ABRALIC).

bilingue); texte hébraïque d'après la version massorétique; traduction française sous la direction du Grand-Rabbin Zadoc Kahn; tome III – Les Hagiographes (Job); Paris, Librairie Colbo, 1983; SM: Stephen Mitchell, *The Book of Job,* San Francisco, North Point Press, 1987.

DO LIVRO DE JÓ
(SÊFER HA-'IYOV)

Cap. XXXVIII*

---

* Os acentos dos livros tradicionalmente considerados poéticos *(Salmos, Jó, Provérbios)* obedecem a um sistema distributivo mais rico e mais complexo do que o relativo aos acentos ditos "comuns"; ver *Gesenius Hebrew Grammar,* edited and enlarged by E. Kaustzsch, revised by A. E. Cowley, Oxford, Clarendon Press, 1985; Guilherme Kerr, *Gramática Elementar da Língua Hebraica,* Rio de Janeiro, JUERP, 1979; *Tabula Accenluum,* anexa à *Biblia Hebraica,* edição R. Kittel, Stuttgart, Wiirttembergische Bibelanstalt, 1966 (1937). Não obstante, para a leitura ritmada de minha transcrição deste Capítulo do *Livro de Jó,* pode ser adotada a convenção estipulada no caso do *Bere'shith* e do *Qohélet,* já que se trata de uma transposição simplificada e necessariamente aproximativa do sistema de pausas massorético.

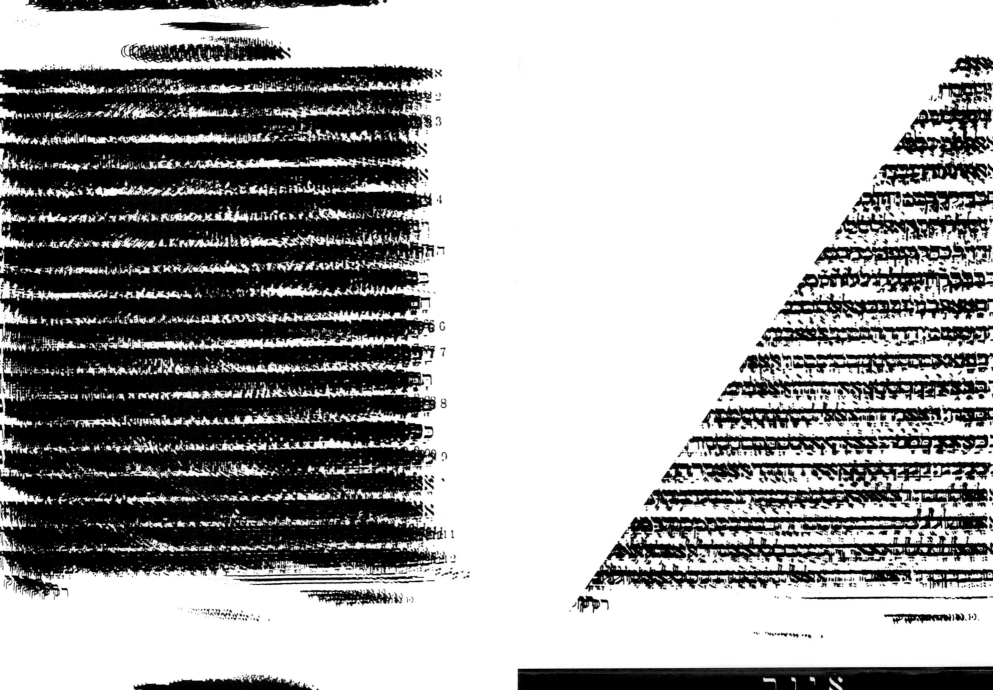

5. Quem lhe fixou os limites §
caso o saibas §§§
Ou quem estendeu sobre ela o cordão de medir

6. Sobre quê §
seus pilares se plantam §§§
Ou quem lançou §§
sua pedra angular

7. Enquanto exultavam unas §
as estrelas matutinas §§§
E gritavam de júbilo §§
todos os filhos de Deus

8. Quem fechou com portais o mar §§§
Quando ele jorrando §§
rompeu das entranhas maternas

9. Quando lhe fiz uma veste de nuvens §§§
E de brumas foscas §§
faixas

10. Quando o reduzi a meus termos §§§
E lhe impus §§
ferrolho e portas

11. E disse §§
até aqui virás §
e não irás além §§§
E aqui se deterá §§
teu orgulhoso escarcéu

12. Acaso em teus dias §
comandaste a manhã §§§
Apontas-te à aurora seu lugar?

1. E O Nome respondeu a Jó   §
   do meio da tormenta   §§
   e disse

2. Quem é esse   §
   que escurece o desígnio com palavras   §§
   não sábias?

3. Cinge como um guerreiro teus rins   §§§
   E eu te perguntarei   §§
   e tu me esclarecerás

4. Onde estavas   §
   quando eu fundava a terra   §§§
   Declara-o   §§
   se entendes o argumento

13. Para que ela apanhasse   §
    a terra pelas fímbrias   §§§
    E sacudisse for a os malignos

14. Quando a cor se muda   §
    feito argila sob o selo   §§§
    E tudo assoma   §§
    como em veste de púrpura

15. E se tolhe a luz dos malignos   §§§
    E o braço sublevado   §§
    se parte

16. Acaso chegaste   §
    até as nascentes do mar   §§§
    E nos arcanos do abismo   §§
    pisaste?

17. Abriram-se para ti   §
    as portas da Morte   §§§
    E contemplaste o umbral do Mais Sombrio?

18. Avaliaste   §
    as latitudes da terra?   §§§
    Declara-me   §§
    o que sabes de tudo isso?

19. Qual a via   §
    para a casa da luz   §§§
    E o escuro   §§
    onde é seu domicílio?

20. Para que o possas agarrar   §
    junto à fronteira   §§§
    E incar-lhe   §§
    o caminho de volta a seu retiro

21. Saberás decerto   §
    pois então já eras nascido   §§§
    E o número dos teus dias é grandíssimo

22. Penetraste   §
    nos celeiros da neve   §§§
    E avistaste os silos do granizo

23. Que eu reservei   §
    para os tempos inimigos   §§§
    Para os dias de refrega   §§
    e de guerra?

24. Qual a via   §
    por onde a luz se difunde   §§§
    E o sirocco se espalha sobre a terra?

25. Quem abriu à torrente um canal   §§§
    E uma via   §§
    ao trovão reboante

26. Para que chova   §
    sobre terras de ninguém   §§§
    Vazias vastidões   §§
    de homem nenhum

27. Para que se fartem   §
    desolados desertos   §§§
    E vicem   §§
    os renovos da relva

28. A chuva terá um pai?   §§§
    Ou quem gerou   §§
    as gotas de orvalho?

29. Do ventre de quem §
    saiu gelo?   §§§
    E a geada do céu   §§
    quem a gerou?

30. Que nem pedra   §
    a água se concentra   §§§
    E a face do abismo   §§
    se retesa

31. Pode atar   §
    as amarras das Plêiades   §§§
    Ou soltar as rédeas de Órion?

32. Fazes que os planetas surjam no seu tempo   §§§
    E a Ursa Maio   §§
    podes guiá-la com seus filhos?

33. Conheces   §
    os decretos do céu?   §§§
    Regulas seu influxo sobre a terra?

34. Elevas tua voz para as nuvens   §§§
    E um dilúvio de água te recobre?

35. Comandas e os relâmpagos vêm   §§§
    E te respondem: "Aqui estamos!"

36. Quem infundiu   §
    no íbis sabedoria   §§§
    Ou quem deu ao galo inteligência?

37. Quem sábio enumera as nuvens §§§
    E as ânforas do céu §§
    quem as entorna

38. Quando o pó se amalgama §
    em massa §§§
    E os torrões se aglutinam?

39. Rastreias para o leoa a caça §§§
    E matas a fome aos filhotes de leão

40. Quando se escondem nos seus covis §§§
    Quando se emboscam nas moitas à espreita?

41. Quem prepara a ração do corvo §§§
    Quando seus filhotes gritam §
    ao Poderoso §§§
    E a esmo se agitam §§
    à míngua de alimento?

לח   איוב

כג וְאוֹצְרוֹת בָּרָד תִּרְאֶה: אֲשֶׁר־חָשַׂכְתִּי לְעֶת־צָר לְיוֹם קְרָב

כד וּמִלְחָמָה: אֵי־זֶה הַדֶּרֶךְ יֵחָלֶק אוֹר יָפֵץ קָדִים עֲלֵי־אָרֶץ:

כה מִי־פִלַּג לַשֶּׁטֶף תְּעָלָה וְדֶרֶךְ לַחֲזִיז קֹלוֹת: לְהַמְטִיר עַל־אֶרֶץ

כו לֹא־אִישׁ מִדְבָּר לֹא־אָדָם בּוֹ: לְהַשְׂבִּיעַ שֹׁאָה וּמְשֹׁאָה

כז וּלְהַצְמִיחַ מֹצָא דֶשֶׁא: הֲיֵשׁ־לַמָּטָר אָב אוֹ מִי־הוֹלִיד אֶגְלֵי־

כח טָל: מִבֶּטֶן מִי יָצָא הַקָּרַח וּכְפֹר שָׁמַיִם מִי יְלָדוֹ: כָּאֶבֶן מַיִם

כט-ל יִתְחַבָּאוּ וּפְנֵי תְהוֹם יִתְלַכָּדוּ: הַתְקַשֵּׁר מַעֲדַנּוֹת כִּימָה אוֹ־

לא מֹשְׁכוֹת כְּסִיל תְּפַתֵּחַ: הֲתֹצִיא מַזָּרוֹת בְּעִתּוֹ וְעַיִשׁ עַל־בָּנֶיהָ

לב תַנְחֵם: הֲיָדַעְתָּ חֻקּוֹת שָׁמָיִם אִם־תָּשִׂים מִשְׁטָרוֹ בָאָרֶץ:

לג-ח הֲתָרִים לָעָב קוֹלֶךָ וְשִׁפְעַת־מַיִם תְּכַסֶּךָּ: הַתְשַׁלַּח בְּרָקִים

לד וְיֵלֵכוּ וְיֹאמְרוּ לְךָ הִנֵּנוּ: מִי־שָׁת בַּטֻּחוֹת חָכְמָה אוֹ מִי־נָתַן

לו לַשֶּׂכְוִי בִינָה: מִי־יְסַפֵּר שְׁחָקִים בְּחָכְמָה וְנִבְלֵי שָׁמַיִם מִי

לז-ח יַשְׁכִּיב: בְּצֶקֶת עָפָר לַמּוּצָק וּרְגָבִים יְדֻבָּקוּ: הֲתָצוּד לְלָבִיא

לט טֶרֶף וְחַיַּת כְּפִירִים תְּמַלֵּא: כִּי־יִשְׁחוּ בַמְּעוֹנוֹת יֵשְׁבוּ בַסֻּכָּה

מ לְמוֹ־אָרֶב: מִי יָכִין לָעֹרֵב צֵידוֹ כִּי־יְלָדָו אֶל־אֵל יְשַׁוֵּעוּ יִתְעוּ

מא-לט לִבְלִי־אֹכֶל: הֲיָדַעְתָּ עֵת לֶדֶת יַעֲלֵי־סָלַע חֹלֵל אַיָּלוֹת תִּשְׁמֹר:

ב תִּסְפֹּר יְרָחִים תְּמַלֶּאנָה וְיָדַעְתָּ עֵת לִדְתָּנָה: תִּכְרַעְנָה

ד יַלְדֵיהֶן תְּפַלַּחְנָה חֶבְלֵיהֶם תְּשַׁלַּחְנָה: יַחְלְמוּ בְנֵיהֶם יִרְבּוּ

ה בַבָּר יָצְאוּ וְלֹא־שָׁבוּ לָמוֹ: מִי־שִׁלַּח פֶּרֶא חָפְשִׁי וּמֹסְרוֹת עָרוֹד

ו מִי פִתֵּחַ: אֲשֶׁר־שַׂמְתִּי עֲרָבָה בֵיתוֹ וּמִשְׁכְּנוֹתָיו מְלֵחָה: יִשְׂחַק

ח לַהֲמוֹן קִרְיָה תְּשֻׁאוֹת נוֹגֵשׂ לֹא יִשְׁמָע: יְתוּר הָרִים מִרְעֵהוּ

ט וְאַחַר כָּל־יָרוֹק יִדְרוֹשׁ: הֲיֹאבֶה רֵּים עָבְדֶךָ אִם־יָלִין עַל־

י אֲבוּסֶךָ: הֲתִקְשָׁר־רֵים בְּתֶלֶם עֲבֹתוֹ אִם־יְשַׂדֵּד עֲמָקִים

יא אַחֲרֶיךָ: הֲתִבְטַח־בּוֹ כִּי־רַב כֹּחוֹ וְתַעֲזֹב אֵלָיו יְגִיעֶךָ: הֲתַאֲמִין

יג בּוֹ כִּי־יָשׁוּב זַרְעֶךָ וְגָרְנְךָ יֶאֱסֹף: כְּנַף־רְנָנִים נֶעֱלָסָה אִם־אֶבְרָה יָשִׁיב

יד חֲסִידָה וְנֹצָה: כִּי־תַעֲזֹב לָאָרֶץ בֵּיצֶיהָ וְעַל־עָפָר תְּחַמֵּם:

טו וַתִּשְׁכַּח כִּי־רֶגֶל תְּזוּרֶהָ וְחַיַּת הַשָּׂדֶה תְּדוּשֶׁהָ: הִקְשִׁיחַ בָּנֶיהָ

איוב   לז

לְפָעֳלָם כֹּל אֲשֶׁר יְצַוֵּם ׀ עַל־פְּנֵי תֵבֵל אָרְצָה: אִם־לְשֵׁבֶט אִם־   יג

לְאַרְצוֹ אִם־לְחֶסֶד יַמְצִאֵהוּ: הַאֲזִינָה זֹּאת אִיּוֹב עֲמֹד וְהִתְבּוֹנֵן ׀   יד

נִפְלְאוֹת אֵל: הֲתֵדַע בְּשׂוּם־אֱלוֹהַּ עֲלֵיהֶם וְהוֹפִיעַ אוֹר עֲנָנוֹ:   טו

הֲתֵדַע עַל־מִפְלְשֵׂי־עָב מִפְלְאוֹת תְּמִים דֵּעִים: אֲשֶׁר־בְּגָדֶיךָ   טז

חַמִּים בְּהַשְׁקִט אֶרֶץ מִדָּרוֹם: תַּרְקִיעַ עִמּוֹ לִשְׁחָקִים חֲזָקִים   יז

כִּרְאִי מוּצָק: הוֹדִיעֵנוּ מַה־נֹּאמַר לוֹ לֹא־נַעֲרֹךְ מִפְּנֵי־חֹשֶׁךְ:   יח

הַיְסֻפַּר־לוֹ כִּי אֲדַבֵּר אִם־אָמַר אִישׁ כִּי יְבֻלָּע: וְעַתָּה ׀ לֹא   יט כ

רָאוּ אוֹר בָּהִיר הוּא בַּשְּׁחָקִים וְרוּחַ עָבְרָה וַתְּטַהֲרֵם: מִצָּפוֹן   כא

זָהָב יֶאֱתֶה עַל־אֱלוֹהַּ נוֹרָא הוֹד: שַׁדַּי לֹא־מְצָאנֻהוּ שַׂגִּיא־   כב כג

כֹחַ וּמִשְׁפָּט וְרֹב־צְדָקָה לֹא יְעַנֶּה: לָכֵן יְרֵאוּהוּ אֲנָשִׁים לֹא־   כד

יִרְאֶה כָּל־חַכְמֵי־לֵב: וַיַּעַן־יְהוָה אֶת־אִיּוֹב   לח א

מִן ׀ הַסְּעָרָה וַיֹּאמַר: מִי זֶה ׀ מַחְשִׁיךְ עֵצָה בְמִלִּין בְּלִי־דָעַת: אֱזָר־   ב ג

נָא כְגֶבֶר חֲלָצֶיךָ וְאֶשְׁאָלְךָ וְהוֹדִיעֵנִי: אֵיפֹה הָיִיתָ בְּיָסְדִי־   ד

אָרֶץ הַגֵּד אִם־יָדַעְתָּ בִינָה: מִי־שָׂם מְמַדֶּיהָ כִּי תֵדָע אוֹ מִי־   ה

נָטָה עָלֶיהָ קָּו: עַל־מָה אֲדָנֶיהָ הָטְבָּעוּ אוֹ מִי־יָרָה אֶבֶן   ו

פִּנָּתָהּ: בְּרָן־יַחַד כּוֹכְבֵי בֹקֶר וַיָּרִיעוּ כָּל־בְּנֵי אֱלֹהִים: וַיָּסֶךְ   ז ח

בִּדְלָתַיִם יָם בְּגִיחוֹ מֵרֶחֶם יֵצֵא: בְּשׂוּמִי עָנָן לְבֻשׁוֹ וַעֲרָפֶל   ט

חֲתֻלָּתוֹ: וָאֶשְׁבֹּר עָלָיו חֻקִּי וָאָשִׂים בְּרִיחַ וּדְלָתָיִם: וָאֹמַר   י יא

עַד־פֹּה תָבוֹא וְלֹא תֹסִיף וּפֹא־יָשִׁית בִּגְאוֹן גַּלֶּיךָ: הֲמִיָּמֶיךָ   יב

צִוִּיתָ בֹּקֶר יִדַּעְתָּה שַׁחַר מְקֹמוֹ: לֶאֱחֹז בְּכַנְפוֹת הָאָרֶץ   יג

וְיִנָּעֲרוּ רְשָׁעִים מִמֶּנָּה: תִּתְהַפֵּךְ כְּחֹמֶר חוֹתָם וְיִתְיַצְּבוּ כְּמוֹ   יד

לְבוּשׁ: וְיִמָּנַע מֵרְשָׁעִים אוֹרָם וּזְרוֹעַ רָמָה תִּשָּׁבֵר: הֲבָאתָ   טו טז

עַד־נִבְכֵי־יָם וּבְחֵקֶר תְּהוֹם הִתְהַלָּכְתָּ: הֲנִגְלוּ לְךָ שַׁעֲרֵי־   יז

מָוֶת וְשַׁעֲרֵי צַלְמָוֶת תִּרְאֶה: הִתְבֹּנַנְתָּ עַד־רַחֲבֵי־אָרֶץ הַגֵּד   יח

אִם־יָדַעְתָּ כֻלָּהּ: אֵי־זֶה הַדֶּרֶךְ יִשְׁכָּן־אוֹר וְחֹשֶׁךְ אֵי־זֶה   יט

מְקֹמוֹ: כִּי תִקָּחֶנּוּ אֶל־גְּבוּלוֹ וְכִי־תָבִין נְתִיבוֹת בֵּיתוֹ: יָדַעְתָּ   כ כא

כִּי־אָז תִּוָּלֵד וּמִסְפַּר יָמֶיךָ רַבִּים: הֲבָאתָ אֶל־אֹצְרוֹת שָׁלֶג   כב

INTER-E-INTRATEXTUALIDADE NO ECLESIASTES*

A Bíblia Hebraica: Uma Biblioteca Teológica?

Em 1986, num ensaio estampado no nº 487 do Folhetim *(Folha de S. Paulo)*, sob o título "Qohélet / O-QUE-SABE", escrevi a respeito do *Eclesiastes:*

> É um livro estranho. A um observador moderno, viciosamente inclinado a projetar uma impertinente mirada retroativa sobre o passado – o século III a.C., época em que o livro do Pregador teria sido escrito –, seu texto causa um choque. Parece um fragmento insurreto, imbricado anacronicamente no *cânon* bíblico pelo martelo filosofante de Nietzsche, o pensador do "eterno retomo", da "vontade do nada" e do "céu-acaso" sobranceiramente disposto acima de todas as coisas.

Em 20 de dezembro de 1987, dois artigos do *The New York Times Book Review,* publicados sob um título único, "The Oldest Stories Made New", mas assinados, respectivamente, por Edward Hirsch, docente de

---

* Tese apresentada ao I Congresso da Associação Brasileira de Literatura Comparada, ABRA-LIC, Porto Alegre, Iª a 4 de junho de 1988; publicada no vol. I dos respectivos Anais, UFRGS, 1988; republicada no nº 4, junho de 1989, da revista *34 Letras,* Rio de Janeiro. Este ensaio não foi incluído em meu livro *Qohélet/O-Que-Sabe,* São Paulo, Perspectiva, 1990, por estar articulado com a leitura do *Bere'shith.*

inglês na Universidade de Houston, e Elisabeth Struthers Malbon, professora do Departamento de Religião do Instituto Politécnico e da Universidade Estadual da Virgínia, chamaram-me a atenção sobre duas novas coletâneas americanas dedicadas ao tema bíblico. Tratava-se de *Congregation / Contemporary Writers Read the Jewish Bible,* antologia organizada por David Rosenberg (San Diego, Harcourt Brace Jovanovich) e *The Literary Guide to the Bible,* coleção de ensaios coordenada por Robert Alter e Frank Kermode (Cambridge, Mass., The Belknap Press/Harvard University Press)[1]. No *review* sobre *Congregation,* assinalava-se que a autora do trabalho relativo ao *Eclesiastes,* a escritora americana, de origem judia, Daphne Merkin, celebrava o *Qohélet* (apesar da feroz diatribe contra as mulheres – "amarga mais que a morte / a mulher [...] tramas e maranhas / seu coração / liâmes suas mãos", VII, 26 – contida na obra, e atribuída pela exegese tradicional à misoginia do Sapiente[2]. Para Daphne Merkin, não obstante esse aspecto "antifeminista" (ao qual ela procura dar uma explicação freudiana), o livro do Velho Sabedor não perdera em nada de seu fascínio, de seu "poder negativo", constituindo-se no componente "mais subversivo" e alegadamente "herético" do *cânon* bíblico. Por sua vez, na resenha devotada a *The Literary Guide* – uma obra de índole bastante diversa da anterior, reunindo *scholars* especializados no assunto, com o escopo de resgatar a leitura dos textos bíblicos como "parte da ampla herança cultural do Ocidente" e não, meramente, como "documentos antiquariais, para uso exclusivo de estudos técnicos e históricos" –, enfatizava-se, quanto ao *Eclesiastes,* que a abordagem desse livro, enfocado englobadamente

1. Obtive os trabalhos aqui comentados graças à prestante gentileza dos seguintes amigos, aos quais registro, nesta oportunidade, meus agradecimentos: Charles Perrone, Celso Lafer, Jorge Schwartz e Mário Sérgio Conti.

2. Quando a esse aspecto, geralmente ressaltado, do pensamento qohelético, que o faz um verdadeiro predecessor da misoginia de Schopenhauer e Nietzsche, há interpretações discordantes, inclusive modernas, que buscam atenuá-lo. Guido Ceronetti, por exemplo, vislumbra na afirmação do Sabedor, de que, entre mil (as mulheres do lendário harém salomônico, *sarot/* princesas e *pilagshim/*concubinas), não teria conseguido encontrar nenhuma digna desse nome, um ideal de feminilidade alto demais para ser atingido ("no desconforto dessa não possibilidade de encontro, vê-se uma ideia nobre da muliebridade"; "Qohélet poema ebraico", *Qohélet o l'Ecclesiaste,* Torino, Einaudi, 1980). Também Jacques Ellul argumenta nesse sentido de uma idealização da mulher, "cume da criação, resumo de todo o bem, todo o belo, toda a sabedoria", cuja perversão, quando a mulher se toma para o homem um ardil da perdição, parece mais amarga do que tudo... *(La Raison d'être / Méditation sur l'Ecclésiaste,* Paris, Seuil, 1987).

com os *Provérbios* pelo professor James G. Williams, da Universidade de Siracusa, resultava numa "boa discussão" dos problemas relativos ao gênero, ao estilo, à estrutura e ao tema de textos (os da chamada "literatura sapiencial") mais de uma vez reverenciados "por seu valor literário".

No nº 5, de 31 de março de 1988, de *The New York Review of Books,* o conhecido crítico e professor de Yale, Harold Bloom (autor, entre outras obras instigantes, de *Kabbalah and Criticism,* New York, 1983), faz uma apreciação de *The Literary Guide.* Ressalta, desde logo: "A Bíblia Hebraica, a partir de suas origens, é tudo menos uma biblioteca teológica; é, sim, o produto de escolhas estéticas". E adverte: "Infelizmente, uma crítica literária autêntica da Bíblia está ainda em sua infância. Quero dizer, uma crítica tão precisa como temos o direito de esperar quando o assunto é Shakespeare ou a poesia moderna". Depois de sublinhar o caráter "palimpséstico" do texto bíblico, Bloom aplica ao *Livro dos Livros* sua teoria da *anxiety* ("ansiedade", "angústia"):

> A Bíblia (Hebraica), como qualquer outro *cânon,* é uma "ansiedade consumada" *(achieved anxiety),* e não o que professa ser, um programa para libertar-nos da "angústia". Mas toda obra literária forte é, necessariamente, uma "ansiedade consumada", uma vez que a literatura, como toda e qualquer estrutura cognitiva, é um meio de dominarmos nossas angústias, não através do descarte delas, mas por força de outorgarmos uma forma precisa, cor e dimensão, ao que quer que seja que nós mais tememos.

E, com sutileza rabínica, Bloom remata suas considerações de modo idiossincraticamente provocativo:

> Se a Bíblia é única (no Ocidente, à exceção do *Corão),* isto se dá porque permanecemos enclausurados por ela, seja que manifestamente nela acreditemos, seja que isso não ocorra. Shakespeare e Freud, mais do que Homero e Platão, continuam os únicos rivais da Bíblia, no fato de capturar-nos contra a nossa vontade, determinando nossas respostas à vida e à arte. Não contemos a Bíblia, ou Skakespeare, ou Freud. Eles nos contêm.

Paralelismo e Sofisticação

Tudo isto serviu-me para reconfirmar a atualidade – que assim vejo mais uma vez demonstrada – da proposta por mim avançada, no âmbito brasileiro, já em outro estudo, "Bereshit / A Gesta da Origem" (Folhetim n° 369, *Folha de S. Paulo*, 12.2.1984). Vale dizer, a proposta de tratar a escritura bíblica pelos mesmos critérios com que se enfocam textos (poesia ou prosa, a distinção aqui é irrelevante) cuja dominante seja a "função poética" da linguagem, magistralmente analisada pelo eminente linguista russo-americano Roman Jakobson em seu fundamental "Linguistics and Poetics", 1959. Aliás, o ensaio inseminador daquele que foi o "poeta da linguística" (como eu procurei defini-lo num depoimento incluído na antologia *Linguística. Poética. Cinema*, Perspectiva, 1970) é referido com destaque na bibliografia de trabalhos coligidos em *The Literary Guide*. Assim, por exemplo, no estudo de J. P. Fokkelman, a propósito do *Gênese*:

> Através do instrumento da repetição, o *Gênese* está, ainda, repleto de paralelismos em vários níveis. De fato, é uma ilustração clássica da tese de Roman Jakobson, para quem o paralelismo é a característica principal do uso literário da linguagem.

Também Francis Landy, da Universidade de Alberta, vale-se dessa tese para o estudo do *Cantar dos Cantares (Shir Hashirim)*. Com igual relevo, é assinalada no *Guide* uma outra contribuição de corte jakobsoniano, esta voltada especificamente para a poesia hebraica, o verbete de Benjamin Hrushovski "Prosody, Hebrew", integrante da *Encyclopaedia Judaica* (New York, 1971). Quanto a este verbete, que alia concisão e precisão no tratamento da intrincada questão da prosódia e da versificação hebraicas, ver o antes mencionado trabalho de J. G. Williams, "Proverbs and Ecclesiastes"; o de Francis Landy, acima referido, bem como o panorâmico ensaio de Robert Alter, "The Characteristics of Ancient Hebrew Poetry"[3]. Alter,

---

3. Sobre os modernos estudos literários em âmbito hebraico, há em português o pioneiro *Poética e Estruturalismo em Israel*, por Ziva Ben-Porat e Benjamin Hrushovski, São Paulo, Perspectiva, Col. Elos, n° 28, 1978. Quanto à presença de R. Jakobson nesses estudos, consulte-se o número especial de *Poetics Today* dedicado ao notável linguista russo (vol. 2, n° 1-a, outono 1980, The Porter Institute for Poetics and Semiotics / Tel Aviv University).

além de coeditor de *The Guide,* é o respeitado autor de duas obras importantes no campo, *The Art of Biblical Narrative* (New York, Basic Books Inc. / Harper, 1981) e *The Art of Biblical Poetry (idem,* 1985). Neste segundo livro, ao tratar da "Dinâmica do Paralelismo", um recurso congenial à arte poética bíblica, Alter dá relevo ao momentoso texto de Victor Chklóvski, "A Arte como Procedimento" *(Iskússtvo kak priom,* 1917), considerado o virtual "manifesto" do chamado "formalismo russo". O paralelismo, nesse "manifesto" pioneiro, é definido à luz do critério do "estranhamento" *(ostraniênie).* "A percepção da desarmonia num contexto harmonioso é um fator importante no paralelismo" – afirma Chklóvski no seu escrito, considerado por Alter "um dos textos seminais da teoria literária moderna". E conclui: "O escopo do paralelismo, como o da imagética em geral, é transpor a percepção usual de um objeto para a esfera de uma nova percepção, isto é, produzir uma específica modificação semântica". No mesmo trecho, Alter destaca as teses de I. Lotman – semioticista soviético que mais de uma vez registrou sua admiração

Assinale-se, por outro lado, que temos em nossa literatura um exemplo frisante da concepção "eurocentrista" quanto ao valor da poesia hebreia. Trata-se do "Discurso sobre a Língua e a Poesia Hebraica", de Francisco de Borja Garção-Stockler, incluído como prefácio ao volume *Salmos de Davi,* vertidos em ritmo português pelo Pe. Souza Caldas (Paris, 1820, tomo primeiro das *Obras Poéticas).* Essa versão tardo-arcádica, elaborada a partir do latim da *Vulgata* e não do texto original, parece-me, quanto aos resultados estéticos, medíocre, via de regra; por isso mesmo não se compreende sua benigna valorização por uma crítica que, no outro polo, costuma subestimar a importância da radical intervenção de Odorico Mendes, patriarca da moderna "transcriação", quanto à poesia grega (Homero) e à latina (Virgílio). Stockier, "padrinho" das versões de Souza Caldas, chega a afirmar (embora confessando ignorar o hebraico): "Mas de que os Hebreus tinham as mais felizes disposições para a poesia, segue-se porventura que eles foram poetas? ou que tiveram verdadeiras noções desta arte sublime? A poesia é uma arte filha das mais finas e sutis observações sobre o espírito e sobre o coração humano; bem como sobre a índole e constituição mecânica da linguagem vocal: o número e a melodia, ou o metro e o ritmo são partes essenciais desta arte, a mais formosa de todas as artes. E como poderia fazer semelhantes observações um povo tão indiferente até à observação da natureza, que existindo entre o Egito e a Caldeia, ignorava os princípios mais triviais da física e da astronomia? Como se podem compor poemas em uma língua sem metro nem melodia?" Com essas concepções obscurantistas, não causa espécie a arrogante conclusão do amigo de Souza Caldas: "Daqui vem que as composições mais admiráveis dos Hebreus não podem perder em ser traduzidas; podendo aliás ganhar tanto mais, quanto a língua para a qual a tradução se fizer, for mais perfeita do que a hebraica". Preparo uma análise crítica dos *Salmos* de Souza Caldas, à qual pretendo acrescentar o estudo das versões bíblicas de José Elói Ottoni *(Provérbios de Salomão e Livro de Jó).*

por Jakobson – a respeito da "diferença" no processo anafórico (repetição "não-mecânica") e da poesia como um modo de transmitir "significados densamente configurados".

Saliente-se, agora, que o próprio Jakobson, com a envergadura ecumênica de suas preocupações de poeticista, já havia, em mais de uma ocasião, voltado sua atenção para o fenômeno fundamental do *paralelismo* na poesia bíblica. Assim, reporta-se à opinião do grande renovador da poesia inglesa, o jesuíta G. M. Hopkins: "A estrutura da poesia consiste numa paralelização contínua, variando dos paralelismos – como são chamados tecnicamente – da poesia hebraica às antífonas da música da Igreja, até o intrincado verso grego, italiano ou inglês" (cf. "Grammatical Parallelism and its Russian Facet", 1965; *Selected Writings,* III, Mouton, 1981). Ainda nesse mesmo ensaio, sublinha a possibilidade de se estudar comparativamente, por esse ângulo, a versificação hebraica, a chinesa, a escandinava e a finlandesa, lado a lado com a arte de versejar do folclore russo. Para seus propósitos, Jakobson mobiliza uma ampla bibliografia: J. Gonda, *Stylistic Repetition in the Veda,* 1959; Tschan Tscheng-ming, *Le Parallélisme dans le vers du Chen King,* 1937; L. Newman e W. Popper, *Studies in Biblical Parallelism,* 1918-23; W. Steinitz, *Der Parallelismus in der finnisch-karelischen Volksdichtung,* 1934 etc. Trabalhos pioneiros são trazidos à baila, como o de J. F. Davis, "On the Poetry of the Chinese", 1829 (inspirado na clássica dissertação do bispo Robert Lowth, *De sacra poesia hebraeorum,* 1753); ou o estudo de 1872, de A. A. Olesnickij, sobre a incidência do *parallelismus membrorum* em outros casos de poesia oriental, além do hebraico (a saber, inscrições egípcias, passagens védicas e, com particular consistência, a poesia chinesa).

Tudo isso, porém, não fica no plano da erudição teórica. Como de seu gosto, Jakobson faz com que seus interesses de poeticista sem fronteiras culminem na primorosa análise de um exemplo magnífico de *pervasive parallelism.* Esmiúça a estrutura paralelística que perpassa em todos os níveis (sintático-gramatical, sonoro, imagético e semântico) de um "hexástico" (estanca de seis versos) engastado no *Shir Hashirim (Cantar dos Cantores).* É o trecho contido no v. 8 do Cap. IV, cujo início é o seguinte:

'ittí millvanon kallá
'itti millvanon tavó'i

Comigo do Líbano / esposa //
Comigo / do Líbano vem

Ao cabo de sua análise, Jakobson chega à conclusão de que estruturas desse tipo são regidas por "uma rede de afinidades multifariamente compulsivas", configuram uma verdadeira "dança", como sustentava Herder *(Von Geist der hebräischen Poésie,* 1782) ao refutar, com a exclamação: "Haben Sie noch nie einen Tanz gesehen?" ("Vocês nunca viram uma dança?"), a tese orgulhosa e eurocentrista daqueles que viam no paralelismo, desdenhosamente, apenas uma "perpétua" e "monótona" tautologia (ver o citado "Grammatical Parallelism and its Russian Facet").

Num ponto, aliás, Jakobson é sempre categórico. Ao enfatizar que a complexidade e a sutileza artesanal das técnicas paralelísticas, que dominam poéticas tão aparentemente afastadas como a chinesa clássica e a hebraica bíblica, põem por terra "o ponto de vista fictício, mas difícil de erradicar, de que o paralelismo seria algo remanescente de meios de expressão primitivos, denunciadores de uma irremediável limitação linguística". O virtuosismo da poesia de extração cananeia, que Albright comparou ao "rococó" *(Canaanite Rococo),* ao analisar o célebre "Canto de Débora", considerado um dos mais antigos textos da Bíblia Hebraica *(Juízes,* V, 2-31); o "estilo barroco", que Zirmúnski vislumbrara na "mestria verbal" do *skazítel* Kalinin, narrador-cantor de *bilinas* (cantos épicos da literatura popular russa) recolhidas em 1896 pelo estudioso A. F. Hilferding; bem como, por outro lado, os séculos a fio de pervivência das técnicas paralelísticas numa poesia eminentemente *escrita* (a da China clássica), opõem-se à tese superciliosa de que tal fenômeno manifestaria apenas um recurso em estado "amébico", um simples expediente "mnemotécnico", um mero "automatismo verbal" explicável pelo suposto rudimentarismo da poesia oral. E Jakobson, sob a invocação do conceito epistemologicamente renovador da *pensée sauvage,* de Claude Lévi-Strauss, proclama:

> O paralelismo perpassante da poesia oral atinge um tal grau de refinamento, seja na *polifonia verbal,* seja na correspectiva tensão semântica, que o mito de uma primi-

tiva pobreza e escassez de criatividade acaba, mais uma vez, por trair a sua inadequação (cf. "Grammatical Parallelism", cit.).

Intertextualidade como Traço Distintivo do "Qohélet"

Isto posto, parece evidente que o tema da inter(e também da intra) textualidade no *Eclesiastes* começa a delinear-se a partir da própria técnica de compor, *o paralelismo*. Aquela técnica "pervasiva", que permitiu a Benjamin Hrushovski avançar o conceito de *freee rythm* como solução engenhosa para o enigma secularmente discutido da versificação hebraica. Um ritmo "semântico-sintático-acentual", correspondente a um verdadeiro "entrecruzamento" e "mútuo reforço" de paralelismos nos vários planos da estrutura linguística do texto. Isto organizando-se de tal modo que nenhum dos níveis (semântico, sintático, prosódico) possa ser considerado "puramente dominante" ou "puramente concomitante"[4]. Como vimos, esse *paralelismo* de base é uma característica que se deixa partilhar pela arte poética de povos os mais diversos, não apenas em termos de tradição oral, mas ainda em casos de multissecular e requintadíssima tradição escriturai, como ocorre no exemplo antes mencionado da caligráfico-ideogrâmica (sem prejuízo de ser também detentora de uma complexa estrutura métrica, rímica e, mais do que isso, tonai) poesia clássica chinesa.

Não é aqui o lugar para se pôr uma questão de "origem", à maneira do que se costumava fazer academicamente, em certo tipo de investigação de "fontes" de cunho "geneticista", ao gosto do comparatismo e da erudição tradicionais. É antes importante salientar que, já no plano infra-(ou micro)estrutural da análise da técnica de construção do texto (por níveis e constituintes), a poesia bíblica – como também um largo espectro da atividade poética em literaturas de tradição vetusta – acaba

---

4. A propósito, escreve Robert Alter: "Benjamin Hrushovski, num artigo sinóptico sobre a história da prosódia hebraica, artigo cujos parágrafos extraordinariamente compactos sobre a versificação bíblica têm sido ignorados, infelizmente, pela *scholarship* bíblica, oferece uma descrição do sistema que me parece inteiramente convincente, exatamente por causa de sua simplicidade elegante e do seu caráter não forçado" (*The Art of Biblical Poetry, cit.*). De minha parte, registro que já em meu ensaio do Folhetim sobre o *Bereshit*, em 12.2.1984, portanto, há uma expressa menção à importância da contribuição de Hrushovski para o conhecimento da "forma expressiva" da literatura bíblica.

sendo uma prática inter-ou-transtextual, disseminada e como que "migratória", "heteroglóssica".

Procurarei, no entanto, ser mais específico. O *Eclesiastes* constitui um exemplo soberbo de intertextualidade não somente nesse sentido lato. Começa por sê-lo a partir de seu título hebraico, que translitero como Q inicial – QOHÉLET –, seguindo a sugestiva ortografia preconizada pelo precursor gaúcho do teatro de vanguarda, Qorpo Santo. "A explicação da palavra *Qohélet* é uma das tarefas mais árduas da filologia bíblica", admite o Pe. D. Buzy, eminente estudioso e comentarista do texto[5]. Tratar-se-ia de um particípio no feminino do verbo *qahal*, cujo significado derivaria da ideia de "reunir", donde uma das possíveis traduções: "coletor de sentenças". Martin Buber, nessa linha, verte o vocábulo-título por *Versammler*. Para São Jerônimo, que se inspira na tradução grega chamada *Septuaginta*, ou dos LXX, o equivalente latino do termo seria *concionator*, "orador que fala ao povo na assembleia". Observe-se que a desinência feminina da palavra (-ei) estaria indicando, antes, a função do que o seu exercente (como Curadoria se diz da função do Curador). O termo também se poderia traduzir por "Assembleia", e neste caso seria uma designação metonímica de seu portador: aquele que a reúne ou a ela se dirige, o homem da Assembleia, ou simplesmente "O Assembleia" (como a Orlando Silva, o saudoso "cantor das multidões", um conhecido radialista das madrugadas paulistas acabou, simplesmente, com solerte sentido de síntese, tratando por "O Multidão"). Lutero, na esteira dos LXX e da *Vulgata*, retendo do *Ekklesiastés* grego a ideia de um pregador que fala perante uma assembleia *(ekklesía),* adotou o equivalente alemão, *Der Prediger.* Mas, como adverte Guido Ceronetti, autor de uma nova tradução do *Qohélet* para o italiano e de um "estroso" comentário do texto original (a certa altura do qual se autodefine ironicamente como "piuttosto un filologo di quartiere malfamato"), há em *Eclesiastes,* e nos conceitos que lhe são afins, um "odor de igreja" – diríamos, uma cosmese cristianizante – que não convém ao semítico e heterodoxo livro sapiencial.

---

5. Cf. "L'Ecclésiaste traduit et commenté par le T. R. P. D. Buzy, S. C. J.", *La Sainte Bible,* texte latin et traduction française d'après les textes originaux, avec un commentaire exégétique et théologique", organização de Louis Pirot e Albert Clamer, tomo VI, Paris, Letouzey et Ané, Éditeurs, 1946.

A raiz *k-h-l*, existente em árabe, admite que *haqqo-hélet* seja lido como "O Velho", aquele que amadureceu na prática da vida (do árabe *kuhúlah*, "idade madura"). Teríamos assim, para Ceronetti, uma "palavra-palimpsesto", hebraico-árabe. E poderíamos imaginar o Velho "como um *státetz* russo, um sapiente venerado". Donde a minha adaptação, que recorta o perfil fonossemântico da palavra, transpondo-o para um nome-sintagma, de sabor popular: "O-Que-Sabe" (aquele que sabe das coisas...).

O Palimpsesto Proliferante

Do título-palimpsesto, passemos ao texto como fenômeno de proliferação palimpséstica. A começar da língua em que foi escrito (ou retranscrito). Estamos diante do "último estágio de evolução do hebraico bíblico", um idioma permeado de "empréstimos do aramaico, do persa e do fenício", segundo H. L. Ginsberg, que assina o verbete sobre o *Eclesiastes* na *Encyclopaedia Judaica*[6]. Este especialista sustenta que o texto do *Qohélet* não existe como tal, mas seria antes a tradução de um original aramaico extraviado (o que dá ao livro do Sapiente uma fantasmagórica velatura borgiana de "cópia da cópia", "borrador do borrador", remetendo-o ao fundo perdido de uma indecidível semiose, cujos avatares mutantes recuam no tempo e vacilam na geografia...). Hipótese – imagino – que não deixaria de gratificar o autor (ou autores) anônimo(s) da obra. Sim, porque o Livro do Velho – o *Sêfer Haqqohélet* – começa, pseudonimicamente, por uma voluntária e irônica "ficção de autoria":

> *divrê / qohélet ben-david // mélekh / birushaláim*
> *Palavras /de Qohélet filho de Davi //rei / em Jerusalém.*

---

6. Harold Louis Ginsberg, professor de Literatura e História Bíblica no Jewish Theological Seminary of America, New York. Ginsberg foi também o editor-chefe da comissão que se incumbiu dos chamados *Cinco Rolos (Hamêsh Megilloth)*, parte dos *Escritos (Kethuvim)* na qual se inclui o *Qohélet*, juntamente com o *Cantar dos Cantares, Ruth, Lamentações* e *Ester*. Trata-se de *The Writings Kethubim / A New Translation of the Holy Scriptures*, according to the Masoretic text, Philadelphia, The Jewish Publications Society of America, 1982.

Durante muito tempo a tradição da sinagoga defendeu a tese de que o autor do livro seria o próprio Rei Salomão. "Uma fonte rabínica declara que ele escreveu o *Cantar dos Cantares*, com a tônica no amor, na sua juventude; os *Provérbios*, com a ênfase nos problemas práticos, na idade madura; e o *Eclesiastes*, com a sua reflexão melancólica sobre a vacuidade da vida, na velhice", refere Robert Gordis, relatando a "teoria da autoria salomônica"[7]. "Até o século XIX, os autores judeus e católicos admitiram que o *Eclesiastes* era de Salomão." Buzy, que faz essa constatação, observa, ao mesmo tempo, que a tese hoje mostra-se inaceitável. Atualmente, todos os exegetas de certo renome concordam que se trata do recurso literário da *pseudoepigrafia*, vale dizer: a atribuição, à obra de um autor obscuro, do nome de uma personagem ilustre, seja para lhe conferir mais peso e credibilidade, seja para seguir uma convenção em moda na época. Não há como fazer remontar a língua tardia e "decadente" do *Qohélet* ao período áureo do reinado salomônico. "O *Eclesiastes* não pode ser do tempo de Salomão, como a *Vulgata* latina não pode ser do tempo de Cícero", resume o hebraísta Kaulen, citado por Buzy[8]. Mas até mesmo o ardil ficcional, a constituição da *persona* ("máscara") do Rei Sábio, paradigma das virtudes humanas, é posto em questão pela pesquisa moderna. A sequência triconsonantal M-L-K, lida durante séculos como *mélekh* ("rei"), teria, na realidade, uma acepção muito mais prosaica. No caso, derivaria, como em árabe, do verbo "possuir", indicando simplesmente um "proprietário", um titular de imóveis e outros bens em Jerusalém (H. L. Ginsberg). Observei a respeito em meu ensaio de 1986:

> A força fabuladora no tempo já preencheu de um conteúdo indelével o dado agora arqueologicamente restituído, não sendo mais possível substituir, sem dano estético e retórico, um Rei Salomão, em todo o seu esplendor sapiencial, por um bem mais verossímil cidadão hierosolimitano, tão abastado quanto cultivado e propenso à reflexão metafísica.

A arte já "copidescou" a vida e a história. O provável autor verídico do *Qohélet*, membro de uma família preeminente e homem de elevada ilustração, tanto judaica quanto helenística, vivendo no século

---

7. Robert Gordis, *Koheleth / The Man and his World*, New York, Schocken Books, 1968.
8. "Introdução" à tradução referida na nota 5, supra.

III a.C. (cerca do ano 250) na Judeia submetida ao alexandrino domínio ptolomaico, num meio em que o grego era, como o inglês hoje, a *koiné* – o idioma dos negócios e da comunicação internacional –, cedeu definitivamente sua pessoa física à *persona* fictícia de Salomão, filho de Davi, construtor do Templo de Jerusalém, o mais sábio dos homens, por antonomásia, Qohélet: O-Que-Sabe (ou, numa outra possível leitura, a própria Sabedoria personificada).

Hibridização Generalizada e Diferença Semítica

Hibridismo de línguas, hibridismo de pessoas. Mais ainda, hibridismo de culturas: transculturação de intertextos. Como salienta Norbert Lohfink, professor do Pontifício Instituto Bíblico em Roma e da Escola Superior de Teologia de Frankfurt, *Qohélet* representa "o mais claro ponto de encontro com a filosofia grega dentro da Bíblia"9. Em seu texto reverberam elementos da poesia e da tragédia gregas, assim como excertos da chamada "filosofia popular" de praça pública, dos cínicos, cirenaicos e céticos, como também de epicuristas e estoicos (para não falar nos fragmentos do idioleto dos comerciantes, um dialeto profissional desenvolvido à sombra do grego, língua de dominação). Tudo isto, porém, o autor do *Qohélet* amalgama no seu cadinho semítico, marcando sua presença com um indelével sinete epistemológico: a fé inabalável em Elohim, não obstante o reconhecimento da frágil e fugaz natureza do homem e da incapacidade do intelecto humano, obsediado pela morte inevitável, em compreender os insondáveis (e, por isso mesmo, aparentemente arbitrários) desígnios superiormente traçados no projeto divino. Esse irredutível núcleo teocêntrico distingue o texto qohelético do intertexto filosófico helenista em que aparentemente está embutido. O Velho desconsolado, que sabia das coisas, não é propriamente um cético, sem horizonte de crença; muito menos um ateu convicto, como os cirenaicos, por exemplo. Desconfia irremediavelmente do homem, de sua vacuidade, de sua logorreia, dos limites de sua capacidade de conhecimento quando confrontada com o absoluto, de seus métodos

---

9. Norbert Lohfink, *Kohelet, Die Neue Echter Bibel*, Stuttgart, Echter Verlag, 1980.

opressores, de sua ganância, de sua sandice. Elohim, porém, fica preservado dessa "desconstrução" demolidora da ética doutrinal consuetudinária. Paira, inatingível e inabalável, no zênite do firmamento que preside às ideias do Qohélet. É a irredutível *diferença semítica* desse texto de textos, cujo autor é uma pessoa fabulada. Ou, mais exatamente: cujo autor são autores. Pois até hoje há quem sustente a pluralidade dos escribas que teriam tecido as filaturas do "poema sapiencial". Buzy, resumindo e endossando o ponto de vista do hebraísta Siegfried e de seus seguidores, até Podechard, o mais conspícuo deles, oferece a hipótese de uma quádrupla autoria: 1. o próprio Velho, autor do núcleo fundamental, o mais característico de suas ideias não-conformistas; 2. o epiloguista, a quem devemos o remate da obra (Cap. XII, 9-12), que fala do Qohélet na terceira pessoa, fornecendo algumas elucidações sobre a vida e a obra do "Seletor de Provérbios"; 3. um *hasid* ou "judeu piedoso", que entendeu oportuno amenizar, aqui e ali, certas afirmações mais ousadas do Qohélet sobre a finitude radical da vida humana e sobre a inexistência de sanções retributivas quanto às ações do bicho-homem; 4. um *hakkham* ou "sapiente", introdutor de grupos de sentenças, disseminados por toda a obra, com o propósito de conciliar certas afirmações mais abruptas do Velho com a sabedoria tradicional. Assim, com esses remendos e edulcoramentos, teria o livro d'o-que-Sabe conseguido (e não sem polêmica) entrar no *cânon* hebraico (e, mais tarde, no cristão). Esse ponto de vista da autoria múltipla é reafirmado num livro recente pelo especialista em religiões semíticas, o historiador e catedrático de assiriologia Jean Bottero ("L'Ecclésiaste et le problème du Mal", *Naissance de Dieu,* Gallimard, 1986). Bottero chega mesmo a "editar" o texto original, traduzindo-o e remetendo a notas de pé de página as "interpolações" atribuíveis a glosas ou correções posteriores ao escrito de base.

É que a análise não literária tem dificuldade em reconhecer em que consistiria a "unidade" ou "coerência" no estilo fragmentário, paradóxico, dialógico, de um autor que expõe proposições que se contradizem e cuja lógica de argumentação não é de tipo aristotélico. Isto é muito bem salientado por Jacques Ellul *(La Raison d'être / Méditation sur l'Ecclésiaste).* Ellul vê no livro o aspecto inarredável da "criação poética" e encontra no "princípio da contradição" a chave mesma do modo de pensar não-grego de seu autor. Uma contradição que, segundo argumenta, corresponderia ao que Unamuno definiu como "sentimento trágico da vida"; que, num outro plano, seria responsável pela linguagem obscura, "barroca", afetada de estrangeirismos, "brilhante", vislumbrada por alguns no texto (apesar das "modificações graves" atestáveis na transcrição massorética por meio da qual esse texto chegou até nós). Estaríamos diante do "Cântico supremo do temor de Deus" (F. Delitzsch), entoado por um "rebelde solitário" (Von Rad), por um "sábio cético" que tinha em seu Deus "incompreensível" o interlocutor paradoxalmente mais próximo. Segundo Ellul, a unidade arquitetônica do texto se imporia para além das ambiguidades e das antíteses nele constantemente rastreadas. Ademais, "negar a unidade da obra, para nela descobrir autores hipotéticos, seria ainda mais difícil do que demonstrá-la" (Kuenen *via* Lusseau, *via* J. Ellul). O autor de *La Raison d'être* inclina-se a uma outra posição extrema. Pensa que apenas os v. 9 a 13 do capítulo final oferecem evidência de não pertencer ao próprio *Qohélet*. Quanto ao que se convencionou chamar "2º epílogo" (v. 12 a 14), entende que se trataria, antes, de uma "retomada temática" (tese de Chopineau) ao invés de uma simples "conclusão piedosa". Já Lohfink reconhece a intervenção de dois epiloguistas no Cap. XII (ao segundo dos quais também deve ser atribuído o 2º hemistíquio do v. 9 do Cap. XI: "E sabe // por tudo isso / Elohim te fará vir / a julgamento"); procura, no mais, justificar a unidade textual num outro plano. Empenha-se em mostrar a coerência operativa do estilo citacional do Qohélet, que constantemente traria à baila máximas do ensinamento tradicional, para, ao invés de subscrevê-las, desacreditá-las, contextualizando-as, sem transição aparente, em engastes antitéticos, que as refutavam pelo critério da avaliação dos fatos concretos, do saber empírico (assim a teoria "retributiva", da punição dos maus e do triunfo dos bons, desmentida pelos eventos da vida cotidiana...). O livro lhe parece construído por uma "lógica palindrômica", de repetições circulares (o pervasivo refrão *havel havalim,* que traduzi concretamente por "névoa de nadas", reiterado desde o v. 2 do Cap. I até o v. 8 do Cap. XII, seria o exemplo mais notável dessa técnica recursiva, própria, como nenhuma outra, para sublinhar os motivos obsessivos do texto qohelético). Um dos seus possíveis paradigmas seria a mistura de prosa e verso de variada metrificação *(poikilómetron),* desenvolvida precedentemente pelo filósofo cínico Menipo de Gádara (Palestina, séculos IV-III a.C.). Lohfink não assinala, mas eu acrescento (como o fiz em meu estudo de 1986), que Menipo foi o criador da "sátira menipeia", cujo conteúdo são "as aventuras da ideia ou da verdade no mundo", segundo Mikhail Bakhtin, o teórico do "dialogismo" (diálogo de vozes contraditórias); Bakhtin, como sabemos, encontrou na obra de Dostoievski, no "romance polifônico" do escritor russo, o ponto culminante dessa vetusta (e marginal) tradição grega. A esse "dialogismo", a pulcra teórica literária búlgaro-francesa Julia Kristeva rebatizou "intertextualidade", aplicando o termo, num sentido não necessariamente sancionável pelo próprio Bakhtin, à palimpséstica literatura de vanguarda, de herança rabelaisiano-joyceana...

Num derradeiro sentido o *Qohélet* pode ser considerado ainda intertextual. Além das fontes helenísticas contrastadas pela (e caldeadas com a) sabedoria hebraica; além da "heteroglossia" (mescla de dialetos funcionais e de palavras de extração idiomática diversa), o Livro do Velho se projeta contra o pano de fundo da literatura que lhe é geograficamente convizinha. Assim, a *Epopeia de Gilgamesh,* na qual há, por exemplo, uma passagem extremamente aparentada à louvação dos prazeres da vida no Cap. IX, 7-9; na óptica do *Qohélet,* porém, esses prazeres são vistos caracteristicamente como um "dom da mão de Elohim", como "presentes" com que um Deus insondável aquinhoa os seus prediletos, os *theóphiloi* ("amigos de Deus"). A literatura sapiencial egípcia, de educação e admonição, que remonta a algo entre os anos 2260 e 2220 antes da era dita cristã, assim como o também egípcio "Canto do Harpista", sarcástica composição datável de cerca do ano 2000 a.C., são outras das fontes presumíveis do nosso "Colecionador de Provérbios" (os sarcasmos do tocador de harpa têm sido ainda invocados a propósito do *Livro de Jó;* cf. P. Gilbert, *La Poésie égyptienne,* 1943). A literatura ugarítico-cananeia, compreendendo poemas e inscrições funerárias, onde se encontram alusões à prudência nas oferendas e nas relações com a divindade, teria tido eco nos versículos dos Caps. IV, 17, a V, 1-4[10].

---

10. Ver H. Lusseau, "Les Antres Hagiographes", em *Introduction à la Bible,* Introduction Critique à l'Ancien Testament, sous la direction de Henri Cazelles, Paris, Desclée, 1973; Giuliano Laurentini, "Eclesiastes ou Coélet", em *Introdução à Bíblia,* com antologia exegética, sob a direção geral do Pe. Teodorico Ballarini, O. F. M. Cap., Petrópolis, Vozes, 1985; R. Gor-

O limite excessivo dessa caça de fontes está representado na opinião daqueles que supõem que o livro hebraico proceda de um original estrangeiro, jamais encontrado (aramaico, segundo Ginsberg; fenício, para Dahood; derivado do idioleto comercial mesopotâmico da época aquemênida, conforme outra opinião, mais bizarra). A tal excesso contradita, com senso de realidade, Lauha, ao concluir que, apesar de tudo, o problema principal do *Qohélet* não pode ser esclarecido por essas comparações, mas pelo escrutínio do próprio pensamento israelita. Bottero, neste ponto, é taxativo: o *Qohélet* vai mais longe do que o *Livro de Jó*. Este reconhece a "transcendência absoluta" de Deus, com admiração e aprovação, após indagar-se sobre o sofrimento do justo. Para o "espírito metafísico" do *Qohélet,* tal indagação representaria um "problema secundário". Antes, seu cântico de reverência à incomensurável grandeza de Elohim vem após o "catálogo mais completo e aterrador" que se possa fazer do "Mal universal". Assim,

na linha religiosa de Israel, onde têm primazia o monoteísmo absoluto e a total perfeição de Deus, Criador único e único Senhor do Universo, não havia, não pode haver mais alta e mais justa resposta ao problema do mal que a do Qohélet. Qualquer que seja o sentimento pessoal a respeito da religião e da doutrina do velho sábio judeu, um historiador das religiões não terá dificuldade em reconhecer que uma tal doutrina constitui um dos píncaros do pensamento e do sentimento religioso dos homens[11].

Intratextualidade. A Bíblia Cita a Bíblia

A Bíblia cita a Bíblia. Por isso, H. Bloom alude, com uma ponta de ironia, a uma suposta "biblioteca teológica". O *Livro de Qohélet* cita outros livros bíblicos (o *Gênese, Juízes, Reis,* os *Salmos,* os *Provérbios* etc.). Retoma e glosa as máximas da sabedoria tradicional que deles decorrem, assim como, na sucessão textual, é citado pelo – subjaz ao – menos rebelde, nada subversivo, *Eclesiástico* de Jesus Ben Sirach, escrito entre 190 e 180 a.C. (este, um compêndio destituído do vigor polêmico do *Qohélet,* não logrou, apesar de seu conformismo às expec-

dis, "The Relationship of Koheleth to Greek and Egyptian Thought", na op. cit. na nota 7, supra; J. Ellul, "Post-scriptum liminaire, polémique et contigent", na op. cit. na nota 2, supra.
11. "L'Ecclésiaste et le problème du Mal", op. cit.

tativas da tradição, ser incluído no Cânon Hebraico, onde teve ingresso, finalmente acolhido com a chancela de livro inspirado, o Poema Crítico do seu heterodoxo predecessor...)[12].

Como exemplo bastante frisante da *intratextualidade* qohelética (entendendo-se pelo conceito, no caso, o jogo remissivo que se estabelece entre o livro tardio do Sabedor e o *corpus* vétero-testamentário), gostaria de indicar uma passagem (III, v. 18) que tem como pano de fundo o v. 28 do Cap. I do *Gênese*. Trata-se de um fulgurante fragmento qohelético, engastado numa quádrupla paronomasia, tão eloquente em sua configuração fonossemântica, que por si só reduz a pó as objeções santimoniosas daqueles que negam a existência factual da jakobsoniana "função poética" da linguagem, como se a operação desta indicasse nos textos (e no sagrado, perversamente) alguma pecaminosa propensão ao erotismo verbal, necessitando por isso mesmo de ser esconjurada. Vejamos: *Qohélet*, III, 18.

> Eu disse eu / para dentro de mim //
> quanto aos / filhos do homem //
> Elohim / os esmerilha ///
> E que vejam //
> não são MAIS que aniMAIS adeMAIS / não MAIS

O último segmento do versículo (o que releva, no exemplo) lê-se no original.

> sheHÉM-beHÊMá HÈMMa / laHÉM

Buzy comenta: "A frase hebraica é muito carregada; palavra a palavra, temos: 'que eles animal, eles, para eles'; *hêmma* faz o papel de copulativo, como acontece frequentemente na sintaxe deste livro, e *lahém* é um dativo *commodi,* com força antes expletiva"[13]. A fulminante

---

12. Ver, a propósito, Lofifink, op. cit. na nota 9, supra.
13. Buzy, op. cit. A *Bíblia de Jerusalém* traz: "Acerca dos homens pensei assim: Deus os põe à prova para que vejam que por si mesmos são animais". Por aqui se vê que o trabalho dos "revisores literários", a que dá credito a edição brasileira dessa obra (São Paulo, Edições Paulinas, 1980), deve ter-se pautado por urna "arte de bem escrever" tradicional, limitada à correção gramatical e ortográfica, sem nenhuma preocupação coma "função poética", fundamental nos textos onde intervém (e na Bíblia o faz sempre, em diversos graus de intensidade, donde ser não-pertinente a diferenciação categorial entre poesia e prosa para

sentença d'O-Que-Sabe cita, e ao mesmo tempo reverte axiologicamente, a passagem do *Gênese* (I, 28) em que Deus (Eiohim) promete aos homens recém-criados a dominação sobre os peixes do mar, sobre as aves do céu e sobre os animais terrestres:

E Deus / os bendisse //
e Deus / lhes disse /
frutificai multiplicai / cumulai na terra /
e subjugai-a ///
E dominai / sobre os peixes do mar /
e sobre as aves do céu //
e sobre todo animal / que rasteje sobre a terra

(NB: No original hebraico há um tríplice imperativo: PRU...URVÚ... UMILÚ, que inspirou a configuração fonossemântica de minha transcriação: fRUtificai...MULtiplicai...cUMULai. A *Bíblia de Jerusalém*, desatenta à "função poética", reza: "Sede fecundos, multiplicai-vos, enchei a terra...") A reversão da flecha do sentido não deixa de prestar reverência ao texto de fundo. Apenas, sob a mirada realista do Qohélet, faz-se ver que o jubiloso senhorio adâmico dos seres humanos sobre as bestas apresenta um lado escuro: cessa perante a morte. Diante dela, homens e animais são iguais: "e é um o destino / para ambos // a morte deste / feito a morte daquele *Il e* um o sopro / para todos *III E o* importe do homem acima do animal / não há // pois tudo / é névoa-nada". Observar, neste v. III, 19, o jogo paronomástico/anagramático (Saussure tinha razão!): MOTH (M-O-R-T-E), estado construto de *máveth*, e MOTHar (importância, lucro, i-M-p-ORTE) imbricam-se, implementando, no nível sonoro, o efeito semântico da nivelação do homem e do animal diante da morte inevitável, que os reduz, a ambos, a pó.

Outro exemplo elucidativo, este não observado pelos comentaristas que compulsei, está em XII, 11:

---

o trabalho tradutório com os textos em questão; cf. Henri Meschonnic, "La Bible en français / Actualité du traduire", em *Pour la Poétique* II, Gallimard, 1973; Meschonnic faz uma dura crítica do empreendimento levado a cabo pela Escola Bíblica de Jerusalém, vendo nele uma "distorção ideológica" e um "consubstanciai anti-hebraísmo", com a consequente "cristianização" do texto).

Palavras de sábios / iguais a pontas de aguilhão //
e iguais a cravos bem pregados /
as coleções dos mestres-de-parábolas ///
Doadas / por um só pastor

"Palavras de sábios" cita *Provérbios,* XXII, 17. Por seu turno, "aguilhão" *(dorvonoth,* no plural; mais exatamente, "as pontas de ferro" dos aguilhões, cf. Buzy), assim como *masmeroth* ("cravos", "pregos"), entram num contexto que R. Gordis comenta nos seguintes termos:

> No v. 11 o editor – o chamado segundo epiloguista – presta um tributo ao estímulo ("pontas de aguilhão") proporcionado pelos escritos dos Sapientes e ao firme apoio ("cravos bem pregados") que dão à vida humana. Com uma largueza de vista particularmente notável num crente convencional (e, como tal, rara em qualquer parte), ele declara que mesmo essas ideias, que podem pôr em risco uma fé incapaz de interrogar-se, derivam não obstante da fonte divina ("Doadas / por um só pastor")[14].

Nem Buzy, nem Gordis, nem Lohfink (que interpreta a referência aos escritos sapienciais como alusiva às máximas coligidas nos *Provérbios* e no próprio livro epilogado, o *Qohélet),* nenhum deles dá-se conta da alusão cruzada ao soberbo "Canto de Débora" *(Juízes,* V, 26; precedido de um relato em prosa, IV, 21). A alusão está mediada pela passagem dos *Provérbios* (XXII, 17-18) na qual as "palavras dos sábios" *(divrê hakhomim)* são comparadas a uma *yat-hêd* ("estaca de tenda"), cravada nos lábios do discípulo[15]. O trecho dos *Juízes,* que me parece pertinente trazer à baila, é o episódio de Yael, "mulher das tendas" (nômade), esposa do quenita Héber. Com um malho, Yael crava uma "estaca de tenda" na têmpora de Sísara, rei vencido dos inimigos de Israel, que descuidadosamente buscara refúgio perto dela e lhe pedira de beber. Celebrada por seu feito com a expressão "Bendita entre as mulheres" (V, 24), Yael executava assim o projeto divino, fazendo perecer de modo indigno o inimigo do povo de Deus[16]. Do mesmo modo

14. Op. cit. na nota 7, supra.
15. Buzy registra aqui uma alusão ao trecho da "tempestade de palavras" em *Jó,* VIII, 2, descrita no livro sapiential egípcio *Provérbios de Amen-en-ope,* que teria migrado para o v. 18 dos *Provérbios,* XXII. Nesse v. 18, onde alguns leem *yahday,* "de modo permanente": "fixá-las permanentemente em teus lábios", outros entendem: *keyathêd,* "como uma estaca" ("e que elas sejam como uma estaca nos teus lábios").
16. "O 'Canto de Débora' *(c.* 1200 a.C.), notável por sua vitalidade dramática e rapidez de contrastes, é um canto de vitória religioso, com um começo e uma conclusão de tipo hínico,

também – parece insinuar Qohélet – as "palavras dos sábios", recolhidas nas coleções dos "mestres-de-parábolas", servirão aos objetivos divinos, aguçando, por um lado, como o "aguilhão", a fé dos discípulos; por outro, como um "cravo bem pregado" (uma "estaca-de-tenda" bem plantada...), ajudando a perfazer os magnos e insondáveis desígnios de Elohim.

O "Midrash": Um Multicanto Paralelo

Outra forma de inter(ou trans)textualidade ocorre no *Midrash* (em hebraico, "interpretação", "indagação"), a atividade hermenêutica desenvolvida em torno da Bíblia, que começou no século III de nossa era, prosseguindo, num amálgama de hebraico e aramaico, até o século XII (ou ainda além). Caracteriza-se, segundo o "glossário" do *Literary Guide,* pelo "entretecer imaginativo de diferentes textos bíblicos" e resulta em "vividas parábolas" e micronarrações. Pois bem, no ensaio "Midrash and Allegory: The Beginners of Scriptural Inter-

e motivos tomados de empréstimo de cantos de escárnio (...). A linguagem arcaica e a técnica 'impressionista' – não há empenho numa narração consecutiva, lógica – fazem com que o sentido e a estrutura sejam constantemente obscuros (...). O estilo caracteriza-se pela insistência do paralelismo 'repetitivo', climático. Os estudiosos têm assinalado a relação deste canto com cânticos de batalha nômades e com a antiga estrutura da poesia babilônica" *(The Penguin Book of Hebrew Verse,* antologia organizada e traduzida por T. Carmi, New York, 1982). J. Bottero, que traduziu este poema para o francês, fala da "extrema liberdade na forma" e da "extraordinária sobriedade na exposição" desse canto, construído segundo uma técnica de "justaposição de ideias e quadros", dispostos com uma "desconcertante brevidade". Entende que isto se deve à natureza do "sistema psicológico e linguístico", que dá ao hebraico uma "concretude" infinitamente maior que a das línguas ocidentais. Refere, por último, que o poeta do "Canto de Débora", entre seus compatriotas, "levou mais longe do que nenhum outro essa diminuição da distância entre as palavras e as coisas" ("Le plus vieux poème biblique", *in* op. cit.). Depois dessa afirmação, restaria apenas acrescentar que, em hebraico, o mesmo vocábulo que significa "palavra" – *davar* – também quer dizer "coisa", sendo por vezes difícil, num texto como o *Qohélet,* estabelecer qual a acepção que prevalece na passagem considerada. Sartre, se conhecesse o hebraico, teria encontrado nele um surpreendente argumento a carrear para sua teoria de que, em poesia, vige a palavra-coisa, *le mot-chose:* "Les mots-choses se groupent par associations magiques de convenance et de disconvenance, comme les couleurs et les sons, ils s'attirent, ils se repoussent, ils se brûlent et leur association compose la véritable unité poétique qui est la *phrase-objet"* ("Qu'est-ce que la littérature?", *Situations,* II, Gallimard, 1948). Projeto de uma "linguagem adâmica", a ser lido em clave benjarrrimana?

pretation", Gerald L. Bruns, da Notre Dame University, refere-se a uma longa discussão hermenêutica, desenvolvida por um rabi chamado Tanhuma bar Abba, em torno, exatamente, do v. 11 do Cap. XII do *Qohélet,* versículo apontado por Bruns como uma passagem favorita dos exegetas *midrashistas.* Trata-se de uma longa digressão centrada nos vocábulos bíblicos *darvan* ("aguilhão") e *malmad* ("aguilhada de bois"; *marde'à* na *mishná* talmúdica), com remissões a *Samuel I* (XIII, 21): "O custo era... de um terço de siclo para amolar os enxós e endireitar os aguilhões", e *Juízes,* III, 31: "Depois dele, veio Samgar, filho de Anat, que feriu seiscentos filisteus com uma aguilhada de bois" (cito a trad., cf. *Bíblia de Jerusalém),* O hermeneuta parte para engenhosas reconstruções "pseudoetimológicas" quanto ao verdadeiro e recôndito significado dessas palavras-chave. Assim, "conferir sentido", "bom senso" *(more de'á,* ou seja, algo que serve para "instruir no saber"), ao novilho; "alojar nele o entendimento" *(madir bina; de dur, "*habitar", e *bina, "*discernimento"), impelindo-o *(melammed)* a arar no sulco devido. Analogamente, as "palavras dos sábios" inculcam o saber nos discípulos, ensinando-lhes os "caminhos do Senhor", do "Deus Único e Abençoado"[17]. Deste modo, frisa Bruns, a prática do comentário, vista como a arte de ligar umas com as outras as palavras do "ensinamento" *(tora),* equivale a "elucidar um texto por meio de outro" (uma básica "atividade Biológica"); mas significa também "jogo de palavras", exercício rabínico do trocadilho *(rabbinical punning),* uma forma pela qual os exegetas *midrashistas* procuravam captar os "ecos" recíprocos dos vocábulos nas Escrituras, desenvolvendo, assim, uma surpreendente "interpretação dialógica" no entrejogar fonossemântico das palavras bíblicas, à busca de "novas fontes de entendimento".

---

17. Segundo Lohfink (op. cit.), "um só pastor" poderia também referir-se a Salomão, com o fito de associar o *Qohélet* aos demais escritos atribuídos ao rei-sábio. Outros entendem: "Um Deus os deu" quer dizer que "os vários pareceres não emanam de distintas 'Revelações', mas têm sua origem numa fonte única, a *Torá,* dada pelo Deus Único; um líder, Moisés, proferiu-as a partir da boca do Senhor de toda a criação" (cf. *Koheles / A new translation* with a commentary anthologized from Talmudic, Midrashic and Rabbinic Sources, The Art Scroll Tanach Series, Rabbis N. Scherman / M. Zlotowitz, New York, Mesorah Publications, 1979). Sobre o *Midrash* e a *Mishná,* ver J. Guinsburg, Guia *Histórico da Literatura Hebraica,* São Paulo, Perspectiva, 1977.

A Transcriação: Do Prazer do Texto à Tristeza da Carne

Se é assim, se tudo é citação – tecer e entretecer – na literatura bíblica, então como novos *midrashistas* leigos, não falta cabimento aos tradutores e comentadores modernos do *Eclesiastes,* quando, com uma visada sincrônico-retrospectiva, comparam o Qohélet ora a Schopenhauer (Renan), ora aos existencialistas (Chouraqui), ora a Kafka (Guido Ceronetti), sem esquecer paralelos possíveis com Nietzsche, Kierkegaard, Jaspers, Heidegger ou Buber, no plano filosófico.

A esse incessante trabalho de fiação ou filigrana textual, desenvolvido no espaço e prolongado no tempo, tomei a liberdade de acrescentar, em minha "transcriação" do Livro d'O-Que-Sabe, dois acordes, como glosa marginal ou assinatura esgarçada em linha-d'água do intérprete-tradutor. Verti *divrê-hêfetz* por "o prazer das palavras" ("Qohélet buscou // descobrir / o prazer das palavras", XII, 10), homenagem a "le plaisir du texte" desse outro "mestre-de-parábolas" *(ba'al 'asuppoth; de 'asuppá,* "coletânea", "adagiário", "rifoneiro"), de "saber com sabor", que foi Roland Barthes18. E, em XII, 12, deixei expresso meu tributo a Mallarmé ("La chair est triste, hélas! et j'ai lu tous les livres"), traduzindo *veláhag harbê I yegi'ath basar* por "e excesso de estudo / entristece a carne". Não podia ser diferente. "Fazer livros em excesso / não tem alvo" *('asoth sefarim harbê I êin quêtz),* deixara grafado o segundo epiloguista no segmento precedente deste mesmo versículo, em reverência ao Sabedor e como admonição contra a afoiteza dos escribas vindouros. Assim Mallarmé, o mestre de Valvins, cultor do Livro Único, inscreveu também no pórtico da Modernidade: "Toute au monde existe pour aboutir à un livre" ("Tudo no mundo existe para culminar num livro")[19].

São Paulo, maio/junho 1988

18. "Saber com sabor" remete ao belo escrito de Ley la Perrone-Moisés dedicado a Roland Barthes (São Paulo, Brasiliense, col. "Encanto Radical", 1983).

19. Lisa Block de Behar, retomando essa colocação constante do meu artigo do Folhetim sobre o *Qohélet,* avançou a hipótese extremamente sedutora de que Mallarmé, no seu verso de "Brise Marine", estaria, de fato, aludindo ao versículo do *Eclesiastes* para o qual, em minha operação tradutória, o reverti. Confira-se: "Si Mallarmé se lamentaba de que 'la carne *(la chair)* es(tá) triste, ay; y ya lei todos los libros', posiblemente no intentara contradecir al hijo de David, rey de Ierusalem, el\zzzzz que sabe 'que es necesario cuidarse porque hacer libros es un trabajo sin fin, con mucho de estúdio y para la carne, una fatiga'. Es significativo que con esta advertência el rey, el sabio, el poeta, dé fin a su discurso" ("Jules Laforgue o las metáforas del desplazarniento", em *Homenaje a Jules Laforgue,* Montevideo, Uruguay, Ministério de Educación y Cultura, 1987). Isto equivaleria a *boucler la boucle...*

DO AUTOR

Síntese bibliográfica

Foto: Carlos Bracher

1. Textos criativos

AUTO DO POSSESSO, São Paulo, 1950 (antologia de poemas). Clube de Poesia. "Antologia de Poemas" em NOIGANDRES 5, São Paulo, Massao Ohno, 1962.

SERVIDÃO DE PASSAGEM, poema-livro, São Paulo, Ed. Noigandres, 1962. Traduzido para o inglês (Edwin Morgan), para o japonês (Seiichi Niikuni + L. C. Vinholes) e para o italiano (Revista *Baldus,* Treviso, 1997).

XADREZ DE ESTRELAS, Percurso textual, 1949/1974, São Paulo, Ed. Perspectiva, 1976. Parcialmente traduzido para o espanhol em *Transideraciones,* org. Eduardo Milán e Manuel Ulacia, México, Ed. Tucán de Virginia, 1987; 2ª ed. ampliada, México, Ed. Tucán de Virginia/ Fundación Octavio Paz/Consejo Nacional para la Cultura y las Artes, 1999.

SIGNANTIA: QUASI COELUM, São Paulo, Ed. Perspectiva, 1979.

GALÁXIAS (1963-1976), São Paulo, Ed. Ex-Libris, 1984. Tradução integral para o francês, por Inès Oseki-Dépré, Ed. La Main Courante, 1998.

A EDUCAÇÃO DOS CINCO SENTIDOS, São Paulo, Ed. Brasiliense, 1985. Tradução para o espanhol por Andrés Sanchez Robayna (ed. bilíngue, Barcelona, AMBIT Editorials, 1990); *L'Éducation des Cinq Sens,* tradução (parcial) por L. C. Brito Rezende, Editions Plein Chant, 1989.

EINISMUNDO: A ÚLTIMA VIAGEM, Tipografia do Fundo de Ouro Preto, 1990. Reeditado em 1997 pela editora carioca Sette Letras; traduzido para o espanhol (A. S. Robayna), para o francês (I. O.-Dépré) e para o italiano (Revista *Baldus,* Treviso, 1997).

OS MELHORES POEMAS de Haroldo de Campos, São Paulo, Ed. Global, 1992; 2ª ed. 1997.

YUGEN, Cuaderno Japonês, poemas traduzidos por Andrés Sanchez Robayna, Tenerife, Canárias, Ed. da Revista *Syntaxis,* 1993 *YUGEN,* álbum, ed. limitada com desenhos de Tomie Ohtake, 1998. *YUGEN: Cahier Japonais,* tradução de Inès Oseki-Dépré, Editions La Main Courante, 2000.

GATIMANHAS E FELINURAS, poemas sobre gatos, com Guilherme Mansur, Tipografia do Fundo de Ouro Preto, 1994.

KONKRÉT VERSEK, tradução para o húngaro, por Petöcz András e Pál Ferene, Íbisz, Budapeste, 1997.

CRISANTEMPO, poemas e transcriações, São Paulo, Ed. Perspectiva, 1998.

GALÁXIA CONCRETA, textos críticos, traduções e poemas de A. e H. de Campos e D. Pignatari, antologia (org. Gonzalo Aguilar) colección "Poesia y Poética", Universidad Iberoamericana, México, 1999.

A MÁQUINA DO MUNDO REPENSADA, poema, Cotia, Ateliê Editorial, 2000.

2. *Textos críticos e teóricos*

DE LA RÁZON ANTROPOFÁGICA Y OTROS ENSAYOS, seleção, tradução e prólogo de Rodolfo Mata, México, Siglo Veintiuno Editores, 2000.

O ARCO-ÍRIS BRANCO, ensaios de literatura e cultura, Rio de Janeiro, Imago Ed., 1997.

OS SERTÕES DOS CAMPOS – DUAS VEZES EUCLIDES, com A. de Campos, Rio de Janeiro, Sette Letras Ltda., 1997.

TRÊS (RE)INSCRIÇÕES PARA SEVERO SARDUY, São Paulo, Memorial da América Latina, 1995,2ª ed., 1999.

LIVRO DE JÓ (1ª ed., 1852) – *Introdução Crítica e Fixação do Texto da Tradução de Elói Ottoni,* São Paulo, Ed. Giordano/Edições Loyola, 1993.

O SEQUESTRO DO BARROCO NA FORMAÇÃO DA LITERATURA BRASILEIRA: O Caso Gregório de Mattos, Salvador, Bahia, Fundação "Casa de Jorge Amado", 1989.

DEUS E O DIABO NO FAUSTO DE GOETHE, São Paulo, Ed. Perspectiva, 1981.

RUPTURA DOS GÊNEROS NA LITERATURA LATINO-AMERICANA, São Paulo, Ed. Perspectiva, 1977.

IDEOGRAMA (org. e ensaio introdutório), São Paulo, Ed. Cultrix, 1977; 3ª ed., Edusp, 1994.

A OPERAÇÃO DO TEXTO, São Paulo, Ed. Perspectiva, 1976.

MORFOLOGIA DO MACUNAÍMA, São Paulo, Ed. Perspectiva, 1973.

Introdução crítica aos vols. 2 e 7 das *OBRAS COMPLETAS DE OSWALD DE ANDRADE,* Rio de Janeiro, Ed. Civilização Brasileira, 1971 e 1972.

GUIMARÃES ROSA EM TRÊS DIMENSÕES, com Pedro Xisto e A. de Campos, São Paulo, Comissão Estadual de Literatura, 1970.

A ARTE NO HORIZONTE DO PROVÁVEL, São Paulo, Ed. Perspectiva, 1969; várias reedições.

METALINGUAGEM, ensaios de crítica e teoria literária, Petrópolis, Vozes, 1967; 3ª ed., São Paulo, Cultrix, 1976; reedição ampliada, *METALINGUAGEM E OUTRAS METAS,* Ed. Perspectiva, 1992.

SOUSÁNDRADE-POESIA, com Augusto de Campos, Rio de Janeiro, "Nossos Clássicos", Agir, 1967; 3ª ed., revista e acrescida, 1995.

OSWALD DE ANDRADE, trechos escolhidos, Rio de Janeiro, "Nossos Clássicos", Agir, 1967.

TEORIA DA POESIA CONCRETA (com A. de Campos e D. Pignatari), São Paulo, Ed. Invenção, 1965; 2ª ed., Editora Duas Cidades, 1975; 3ª ed., Ed. Brasiliense, 1987.

REVISÃO DE SOUSÁNDRADE, com A. de Campos, São Paulo, Ed. Invenção, 1964; 2ª ed., ampliada, Nova Fronteira, 1982.

3. Transcriações

OS NOMES E OS NAVIOS, HOMERO, ILÍADA II, tradução e ensaio crítico por Haroldo de Campos; tradução por Odorico Mendes, comentada por Trajano Vieira, Rio de Janeiro, Ed. Sette Letras, 1999.

PEDRA E LUZ NA POESIA DE DANTE, edição bilíngue, Rio de Janeiro, Imago, 1998.

ESCRITO SOBRE JADE, edição bilíngue (22 poemas clássicos chineses), Tipografia do Fundo de Ouro Preto, 1996.

HAGOROMO DE ZEAMI, teatro clássico japonês, texto bilíngue, São Paulo, Ed. Estação Liberdade, 1994.

MÊNIS: A IRA DE AQUILES, Canto I da *Ilíada de Homero* (com ensaio de Trajano Vieira), texto bilíngue, São Paulo, Ed. Nova Alexandria, 1994.

BERE'SHITH, São Paulo, Ed. Perspectiva, 1993.

QOHÉLET(ECLESIASTES), São Paulo, Ed. Perspectiva, 1990.

TRANSBLANCO (com Octavio Paz), Rio de Janeiro, Ed. Guanabara, 1985; 2ª ed. ampliada, São Paulo, Ed. Siciliano, 1994.

DANTE: SEIS CANTOS DO PARAÍSO, Edição Limitada (100 exemplares de luxo, ilustrada por João Câmara), Gastão de Holanda editor, 1976; ed. regular, Fontana/Istituto Italiano di Cultura, Rio de Janeiro, 1978.

MALLARMÉ (com A. de Campos e D. Pignatari), São Paulo, Ed. Perspectiva, 1974.

POEMAS DE MAIAKÓVSKI (com A. de Campos e B. Schnaiderman), Rio de Janeiro, Ed. Tempo Brasileiro, 1967 (várias reedições pela Ed. Perspectiva de São Paulo).

POESIA RUSSA MODERNA (com A. de Campos e B. Schnaiderman), Ed. Civilização Brasileira, Rio de Janeiro, 1968; a partir de 1985, várias reedições pela Ed. Brasiliense, São Paulo.

TRADUZIR E TROVAR (com A. de Campos), São Paulo, Ed. Papyrus, 1968.

PANAROMA DO FINNEGANS WAKE DE JAMES JOYCE (com A. de Campos), São Paulo, Ed. Perspectiva, 1962 (várias reedições).

CANTARES DE EZRA POUND (com A. de Campos e D. Pignatari), Rio de Janeiro, MEC/Serviço de Documentação (Coleção dirigida por Simeão Leal), 1960; obra ampliada com inclusão de trabalhos de Mário Faustino e J. L. Grünewald, São Paulo, Hucitec/Ed. da Univ. de Brasília, 1983; 2ª ed., 1985 (sob o título *EZRA POUND: POESIA);* Ed. portuguesa, Ulisséia, Lisboa, 1968 (sob o título *ANTOLOGIA POÉTICA DE EZRA POUND).*